THE

BEHAVIORAL CODE

The Hidden Ways the Law Makes Us Better . . . or Worse

行為失控

為什麼人們會忍不住做壞事？
法律管不住的人性密碼

班哲明・凡魯吉 Benjamin van Rooij、**亞當・范恩** Adam Fine——著

簡秀如——譯

獻給珍寧、麥克斯及梅兒
獻給蕾根及我的女兒們

The Behavioral Code

Contents

Chapter

1

兩個密碼的故事

想像你可以吞下一顆藥丸，一顆紅色藥丸，小小的，就像在《駭客任務》裡，莫菲斯拿給尼歐的那種，這顆藥丸保證讓你看到世界的真實樣貌。

在今天以前，你每天早上會關掉鬧鐘，換衣服，泡咖啡，然後上車，開車去上班。然而今天早上，在你走出家門之前，你服用那顆紅色藥丸。你喝點水把它吞下去。起初，一切毫無變化。不過當你在美好的加州陽光下，從你家的車道倒車出來時，忽然間，你看見的每件事物都開始浮現小號字體的文字片段。在對街的速限標誌底下，你看到上面浮現出「駕駛人開車行駛於高速公路時，車速不該超過第 22349 或 22356 節所規定之限速」。

那段文字接著寫道：「駕駛人開車行駛於高速公路之速度，不該超過時速六十五哩。」你揉了揉眼睛，然後專心再看一次：「駕駛人開車行駛於高速公路時，均應視天氣、能見度、交通流量，以及公路之路面及寬度，不該超出合理車速，並且無論在任何情況下，都不應危及他人或財物之安全。」

你注意到這些文字的每一段末尾，都附上微小的字體，標註來源出處：加州車輛法規。

當藥丸的作用開始增強，你開始注意到四下都浮現出這種小號文字，眼到之處都是規則、規則，以及更多的規則，這些滾動的細微片段文字布滿了你的車。有些規則說明你必須擁有駕照才能開車，有些是關於手持裝置的使用，以及在這種影響之下駕駛的規則。你已經知道這些規定的要點，不過現在你在周遭看到的細節數量萬分驚人。

你發現一些文字是關於某些你好像知道不該做，但是從來不確定是真的不合法的事。有一行文字說明不准把「任何瓶罐、垃圾、玻璃、釘子、廢料、紙張、電線、任何可能對公路上的交通造成損害之物，或是任何一種嘈雜、噁心或令人不快的事物」扔出車窗外。所以呢，把蘋果核從車窗扔到樹叢裡會犯法嗎？你猜想這要看人們是否把它視為「任何一種令人不快的事物」，或者它是否會構成廢料，無論那是什麼定義。（「廢料」是指內臟、腐爛的獸肉，或者就是通稱的垃圾。）

坐在車內令人大感吃不消，於是你靠路邊停車，下了車，倚著引擎蓋。不過一堆文字聚集在車頭燈周圍。你讀取了幾條。有些陳述明顯的事實：「機車除外之機動車輛應該至少配備兩盞車頭燈，在車輛前方兩側至少各有一盞。」這很合理。不過其他的文字提供一些你從沒聽過的細節：「車頭燈及任何車頭燈裝置之光源應位於不超過五十四吋也不少於二十二吋的高度。」另一條說明：「任何機動車輛可以在不少於十六吋也不超過四十二吋之高度，在車頭裝設兩盞駕駛輔助燈。」它繼續說明：「駕駛燈是專為補強車頭燈之遠光燈所設計，不能以近光燈照明。」這表示你不能同時使用駕駛燈及車頭燈嗎？這其中的差別在哪裡？

這些規則都不曾出現在你的駕照考試裡。不過現在這些規則出現了，你明白還有一大堆非常特定的法律規則。誰知道車燈會有這麼詳細的規則呢？這些只是一顆神奇的紅色藥丸所揭露的一些片段。加州車輛法規就有超過一千頁的內容，列出關於操作駕駛車輛的各種密密麻麻的規則。這些只是和駕駛車輛相關的適用州立法規，還不包括指導製造及銷售車輛的州立及聯邦法則及規範。一顆神奇的藥丸能顯示關於汽車生產侵權責任、汽車廢氣排放、車輛安全標準、機動車輛工廠員工職業健康及安全標準，以及競爭規則等數量驚人的法規，更別提應用於汽車生產與銷售方面，成千上萬頁的美國稅務密碼。

這顆紅色藥丸揭露了法律及法規無所不在。在你的目光所及之處，都會看見難以計數的法規。

我們生活在一個充滿密碼的世界裡，我是指法律密碼，來引導我們的日常生活。這種密碼處處可見，無論我們是在工作、看電視、栽種食物、端菜上桌、運動、建造房屋等，或是我們約會、陷入愛河、上網，甚至是睡覺時。

法律密碼和人性一樣歷史悠久。我們在古老的宗教文字中，例如《聖經》及《可蘭經》，可以清楚看到那些密碼。原本每個人都知道那些密碼，那是社群的規則，例如《漢摩拉比法典》、刻在周朝銅鼎上的法規，還有《十誡》。這些是團體的習俗或城市的法規。不過在法律系統及社會益發成長及複雜之際，法律密碼本身也不斷增長。每次有了新風險或新問題，人們便要求新的規則，於是更多的法律及規範便受到採納。

在日常生活中，我們只看到密碼的片段。每次發生大規模槍擊事件之後，我們便得知關於攻擊性武器、撞火槍托及背景調查的各種槍枝法。在伯尼・馬多夫（Bernie Madoff）的重大龐氏騙局之後，我們得知詐欺法及證券法。在美國發生鴉片類藥物危機，普度製藥與強生集團的訴訟案達成歷史性和解之後，我們得知了侵權行為法及產品責任。

然而，在這一切之中，一般人只了解到我們周遭完整法律密碼的微小元素。它的規模及複雜性讓我們根本無法領會它的全貌。就算是訓練有素的律師也無法把完整的密碼視為真實的存在。律師本身必須進行長時間研究，鑽研法律規則及判例法的數據庫。即便如此，全貌依然模糊不清。因為法律系統已經變得如此廣大複雜，我們無法看見在某種程度上塑造我們生活中各個面向，錯綜複雜的法規網絡。

擁有如此龐大的法律規則系統來引導我們的日常生活，或許似乎頗荒謬。不過大部分的規則都有存在的理由：它們是要來防止我們受到傷害，確保安全。

我們來細想一下美國如何使用法律、規則及規範，回應它在二十世紀遭遇到的某些最重大的挑戰。在一九六〇及一九七〇年代，美國有三分之二的湖泊、河流及海岸受到嚴重汙染，以至於垂釣及游泳都變得不安全了。結果國會於一九七二年正式通過淨水法案（Clean Water Act）。這項新法基本上是要遏止水汙染，讓大家能在水路安全地垂釣及玩樂。或者回到一九三〇年代。在經濟大蕭條之後，美國國會頒布格拉斯—史蒂格法（Glass-Steagall Act），將高風險投資銀行業務及普通商業銀行業務劃分開來。它創造了聯邦存款保險公司（Federal Deposit Insurance Corporation），保護人民免於為銀行存款投保，協助維護國內銀行業務系統的整體穩定度。

每當我們的社會面臨傷害或風險時，我們會持續研發融入法律密碼的規則。至於何謂損害及風險、它們的肇因，或者最佳的立法回應為何，並非總是能得到所有人的一致贊同。然而，在擁有足夠的共識及政治支持之餘，我們最終能得到新的法律規則來對付我們的社會、市場及環境所面對的風險。

法律當然有其必要性。少了有效的法律規則，我們便無法保護我們的資產免於遭竊；我們的小生意會遭到大型獨占企業及不公平的借貸機構併吞；我們的環境甚至會變得更惡化，氣候更加暖化；我們的食物大部分都無法安全食用；我們的公立學校會關閉，因為政府再也無法徵收稅收了；我們的老闆會盡可能任意折磨我們。

法律密碼讓現代社會有存在的可能。然而，在日常生活中，大家很少去思考法律密碼實際上如何運作。一旦明白法律密碼真實存在，我們便看見一個專為設計來保護我們安全的龐大規則系統。當然了，不是所有法律規則的成立目的都相同，歷史上也有清楚的案例，從納粹德國到美國的快克古柯鹼量刑失衡，顯示法律規則站在非正義的那一方，造成更多傷害。當然了，要讓法律順利運作，法律本身必須正當合理。雖然法律密碼傾向於改善我們的生活，只有在人們遵守這些規則，而且這些密碼確實能改變行為時，才會發揮作用。

洛杉磯及橘郡的四〇五號州際公路速限為每小時六十五英里。這個地區如果沒有嚴重的交通阻塞時，基本上每個人起碼會開到時速七十英里。加州的駕駛們知道這些規則。每一條路都有標誌提醒他們速限是多少。他們可能知道超速的罰款及懲罰，萬一被逮到太多次，甚至可能會吊銷駕照。然而開在四〇五號州際公路上的大多數駕駛只要一有機會，還是會加速行駛。

我們看到太多法律密碼無法改變行為的例子。在一九二〇年代的禁酒令時期，美國領導人制定法律，甚至修訂憲法以杜絕飲酒。然而，在改變美國人的喝酒習慣方面，它徹底失敗了。這條法律留給人們的印象是造成黑市，孕育了組織犯罪。它不僅失敗，實際上製造了更多的犯罪。

在毒品戰爭時，歷史重演了。美國立法者制定前所未有的嚴厲法律，禁止使用、製造及販售娛樂性藥物（除了大麻最近變更的規則）。自從一九七一年以來，執法機關在毒品戰爭中打了一場又一場的仗。然而，美國藥物濫用依然猖獗。雖然法律禁止海洛因，並且嚴厲懲罰涉毒者，鴉片類藥物的盛行卻如火如荼地展開，每年因此送命的美國人，超過在整個越戰時期死在戰場上的人數。

法律也遭遇改變公司行為的難題。媒體幾乎每週都會揭露一家大公司的重大違法事蹟。大家回想一下各種揭露的真相，包括臉書如何試圖壓制並攻擊它的批評者、福斯汽車的廢氣排放醜聞，或是富國銀行的重大詐欺事件。想想美國銀行在二十九起案件中遭罰超過五百六十億美元，然而儘管懲罰不斷，它還是持續犯法，由於違反職業安全法，每週有超過一百名美國人死於職場。事實上，每年死於職場的美國人，遠超過二〇〇三到二〇〇七年間，在伊拉克遇難的人數。

每天的新聞充斥著法律密碼如何無法保護我們安全的例子。法律禁止警察射殺手無寸鐵的百姓，然而每個月不斷出現他們這麼做的瘋傳影片。法律禁止體育界使用表現增強藥物，但是不斷有奧運選手在藥檢呈現陽性，甚至是那些身穿「我不使用禁藥」運動衫的選手也是如此。法律嚴禁性侵及性騷擾，不過從好萊塢到國會，從教會到甚至是我們的法院，幾乎每天都會有性侵加害者曝光。

我們的法律密碼顯然並非總是有效。從壞處想，它無法改變傷害性行為，也並未提供它承諾我們會得到的保護。當那種情況發生時，我們所有的只是一個充滿書寫規則的龐大系統，無法多做什麼來保護我們的生命、社會、市場及環境安全。因此，重點問題，也就是本書致力回答的那個問題，就在於：法律為何無法改進人類的行為？

我們站在一整班的法律系學生面前，把一小本《美國憲法》放在講臺上。我們要他們說明這是什麼。

幾位學生說：「那是憲法。」

「不對，」我們說，「再看仔細點。」

「我們的基本權利。」另一位學生試著說。不對，再看一下。

「是法律。」另一位學生說。

不對，不算是。「你們真正看到了什麼？精確地說，它是什麼呢？」

「一套基本的法律規則。」「我們的核心社會結構。」

不對，還有別的說法嗎？回答此起彼落，直到終於有一名學生說出我們期待的答案。

「這是一疊紙張。」

答對了：印刷了文字的紙。到頭來，這就是法律密碼的意義，或者起碼它向來是如此，直到我們研發出數位法律資料庫，把它變成了由零和一所呈現的文字。我們一旦看清了法律密碼的真正意義，它無法改變行為的事實，似乎也就不那麼令人感到意外了。只是寫下一段文字，那些立法者不知為何便冀望能改變真實的日常行為。然而，無論是印刷或數位形態，文字如何能影響我們的行為呢？書本裡的法律如何能變成行動的法律呢？這可不是件簡單的事。

要了解這一疊紙本規則如何能塑造行為，我們必須改變觀點。與其吞下一顆神奇藥丸而看見規則，我們真正要做的是，看清人們對這些規則的回應方式。這使得我們看到一種非常不同的密碼，某種行為機制密碼：行為密碼。

想想安全帶，每當你上了車，你就會繫上安全帶。你並未真正察覺到這個動作，這不算是一個有意識的決定，你也並未真正去思考要求你這麼做的特定法律。事實並非總是如此。幾十年以來，絕大多數的駕駛人及車輛乘客並未使用安全帶。

一九六八年，美國法律要求所有的車輛都要有安全帶。然而到了一九八〇年代，只有百分之十的美國人會使用安全帶。法律改變了這點。一九八四年，紐約成了第一個要求駕駛人繫安全帶的州。不久後，除了「不自由毋寧死」的新罕布夏州之外，所有的州都起而仿效，全國使用安全帶的比率從百分之十驟升到百分之五十，足足增加了百分之四百。光是採用法律要求使用安全帶，對人們駕駛安全習慣便產生重大的影響。

然而，有半數的美國人依然不繫安全帶。為了因應這種情況，各州開始策劃強制執行活動，設計朗朗上口的標語，例如「繫上它或吃罰單」。不想繫安全帶的人遭到警告，假如不配合這項新法的話，可能面臨罰鍰。罰款金額很低，大多數根本不到一百美元，尤其是和超速罰單相比，那類罰單基本上要高出許多。當局同時也播放公共服務宣導，顯示未繫安全帶的逼真撞擊測試假人，用來警告不繫安全帶可能會帶來的可怕後果。汽車製造商也安裝安全帶警示警報器，提醒（或者其實是要惹惱）我們繫好安全帶。綜合這些做法，現在有大約百分之九十的美國駕駛人及汽車乘客會繫安全帶，而且大部分都是自動繫上。

現在讓我們來設法分辨，這裡有哪些行為機制起了作用。最前面兩種很容易被忽略。事實就是，採用新法規大大地改變了行為。從行為的觀點來看，這意味著兩件事。首先，人們得知新法規為何，以及它們要求哪種行為。然而事情經常並非如此。許多法律密碼依然不為人知，因此大部分都不曾產生效力。其次，單靠改變規則，人們便會開始改變行為。他們照做，儘管尚未出現明確的強制推動，因此他們對這個事實做出回應，只因為那是法律。於是，某種對法律的責任感及法律系統的正當性，在這裡扮演了重要的角色。

幾種其他的行為機制也發揮了作用。透過制定罰款，法律使得人們害怕不繫安全帶的後果。然而，有趣的是罰款金額相當低，比超速罰單低得多了，而超速的罰款似乎不起作用。不知為何，這些低額罰款觸發了預期的行為反應。

接著是透過公共訊息活動進行勸說，說服人們繫安全帶對他們有好處。這些活動的目的是把繫安全帶的決定，從外在動機（「我不想挨罰」）轉變為內在動機（「這是為我自己好，所以我才不會受傷」）。

接下來是警示警報聲。這些討人厭的警報聲為那些還沒繫上安全帶的人，打造出一種實質的障礙。這在責任感之上添加了行為層面，對懲罰的恐懼，以及內在動機。假如那些全都不起作用，警示聲會迫使人們投降。實際上，這些警示聲會使得不繫安全帶駕駛變得非常困難，或者至少非常惱人。

當越來越多人開始繫好安全帶，使用安全帶變得比不使用更尋常了。這種行為在社會上變得更持續，因為人們開始受到他人影響。最後繫安全帶變成自動自發的習慣了。這種行為變得如此深入內化，以至於它不再是一種決定。我們幾乎不會注意到自己正自動地遵守法律。

就這樣：這就是成功結合法律及行為密碼的範例。

在這個以及其他的案例中，我們可能看到某些介入，例如懲罰及公共訊息活動，不過法律密碼塑造行為的其他方式，依然模糊不明。我們並未看到人們的責任感，或是他們如何看待法律系統的正當性。我們難以理解人們的動機為何，以及他們對公共訊息活動可能做何回應。我們並非總是知道人們如何察覺懲罰，以及對懲罰的恐懼如何塑造他們的行為。我們很少去思考人們受到他人多少的影響，或是實質障礙如何影響錯誤行為，更別提自動的形態如何接手，即便當我們認為自己在做有意識的理性決定。

為了改進我們的法律，讓它們變得更有效率，我們需要了解行為密碼。在這部分，社會科學是關鍵。幾十年來的研究，發現了塑造人類對法律規則做出回應的行為機制。科學讓看不見的行為密碼現形了。它顯示出我們的法律如何能塑造人們的動機，並且改造他們的情況以強化順從，防止傷害。過去四十年來，科學見解徹底改革了我們對於人類如何表現，以及為何行為失當的理解。然而，科學依然無法受到法律的採納。這些見解被鎖在學術期刊付費牆之後，並且透過學術術語而晦澀難懂，有許多依然保持和行為密碼本身一樣，隱晦不明。

壞行為暗中破壞我們的社會、安全、市場、經濟及生活方式。我們制定了複雜的法律密碼，應付不同形態的傷害性行為，而法律密碼的意圖顯然是塑造行為。在這一切之中，律師扮演著重要的角色。律師身為立法者，草擬我們密碼化法律的語言，選擇有哪些能通過。身為執行者及管理者，他們針對法律是否及如何執行的關鍵決定。律師受雇草擬合約及設計組織規章，將法律密碼置入商業交易之中。律師的舉止有如法官，在爭議中應用法律，並且藉此詮釋並塑造法律的未來意義。身為法律教授及法律專家，他們塑造法律為何及應該如何的公共說法。

因此，我們把法律系統內的設計及重大決策交給律師，然而他們對人類行為底下的社會科學，幾乎一無所知。法學院課程幾乎完全忽視動搖經濟及倫理等領域的行為革命。因為設計及執行法律密碼的律師，很少接受任何社會及行為科學的強制訓練，他們在人類錯誤行為方面，被迫仰賴他們自己的直覺，而其中有許多在實徵研究中都證明是錯誤的。我們把最重要的人類行為密碼，法律密碼，交在行為新手的手中。

然而，這不只是法律制定者的錯。我們的法律傾向由公共意見形成的政治過程。但是我們很少有人了解行為密碼，更別提形成這種密碼的社會科學。當我們聽到某件殘暴的謀殺案、跨國企業賄賂國家政府、另一起駭人聽聞的 #MeToo 案件，或是看見一輛汽車危險地超速疾馳而過時，我們反而仰賴我們的直覺反應。這些發自內心的直覺反應，最終形成公共意見及法律制定。假如我們真的在乎，想要更有效地制定法律，我們就必須學習了解行為密碼。我們必須鑽研社會科學，讓我們知道有什麼依然隱藏其中。只有藉由了解人類行為，法律才會真正發揮作用，保護我們的安全。

Chapter

2

懲罰的錯覺

夏爾米和雪兒碧簡直要把他們的家人搞瘋了，這個五歲的小男孩和他四歲的妹妹每天在家裡奔跑尖叫。他們到處亂爬，不管是門、廚房流理臺或後院的樹都一樣。在車上，他們會失控，大吼大叫，彼此踢來踢去，掙脫身上的安全帶。小雪兒碧極度戲劇化，只要得不到她想要的，她便會用盡肺活量嘶吼哭喊。夏爾米好鬥成性，任何人擋了他的路，他便會把對方推擠撞開。他對他的妹妹尤其暴力，時常對她又打又踢，有時甚至動手掐住她的喉嚨。

最後他們的父母再也受不了了，因此他們把一段孩子的影片，寄給一個叫做《超級保母》（*Supernanny*）的電視節目。他們懇求超級保母本人，英國名人教養大師裘．佛斯特（Jo Frost）的協助。身為超級保母，裘拜訪了這家人，並且在孩子們不在場的情況下，看了夏爾米及雪兒碧折騰父母的影片。她不禁脫口而出：「這究竟是怎麼一回事？」

經過一段時間的觀察，超級保母針對這對父母無力適當回應孩子的錯誤行為，當面和他們討論：「對你們兩位缺乏尊重，結果絕對無法好好施以管教……你們的孩子不知道管教是什麼。是待在房裡、打屁股，還是數到三？或者究竟是什麼？我不知道，因為我沒看到任何的管教。你們沒有設下界限，怎麼能指望孩子符合你們的期望呢？」

超級保母開始教導這對爸媽如何有效地管教。她的方式在每集都一樣，非常簡單：這家人需要設下清楚的規矩，而且當規矩被打破時，必須施加懲罰。這些規矩本身很簡單，是一套明確的每日時間表，包括孩子可以看電視和打電玩的指定時間。她要這對父母在家中四處放置「不准過去」的標誌，意指夏米爾和雪兒碧不准攀爬的地方。

超級保母也教這對父母，在孩子不可避免地打破規矩時，如何懲罰他們。這對父母收到的指示是，在家裡指定一個面壁思過的區域，她把這地方稱為「搗蛋的角落」。這對父母把孩子放在這個角落的時間長度，等同於孩子的年紀。所以夏爾米是五分鐘，雪兒碧是四分鐘。而且呢，或許最重要的一點是，這對父母必須在孩子面壁思過之前以及之後，向他們說明他們**為什麼**要待在那裡。

夏爾米及雪兒碧的母親，裘艾不相信這會行得通。她尤其擔心夏爾米，她解釋說，他「非常堅持己見」。就在裘艾表達她的擔憂時，夏爾米跑開了，躲在桌子底下放聲尖叫。夏爾米拒絕出來。裘艾得到即時的機會，嘗試這個新技巧。她把兒子拖到搗蛋的角落，然後依照她所受到的指示，對他說明：「夏爾米，我要讓你待在這個搗蛋的角落，因為你不聽話。你要在這裡待五分鐘。」

這樣有效嗎？沒有。裘艾對兒子的看法沒錯。不到一分鐘，夏爾米又跑掉了，他的母親滿屋子追著他跑，然後跑到院子裡。裘艾很絕望。「現在我不知道要怎麼辦才好。現在我要在這附近一帶追著他跑了。」過了一下子，夏爾米爬上了一棵樹，讓他的母親和超級保母都抓不到。

最後，他的母親警告夏爾米，他會失去打電動的時間，這才把他帶回屋子裡，待在搗蛋的角落。夏爾米待在角落哭泣，他的母親則將計時器設定五分鐘。然後呢，你看，小夏爾米在搗蛋的角落足足待了五分鐘。五分鐘到了之後，裘艾對夏爾米說明她為何讓他待在那裡：「媽咪讓你待在搗蛋的角落，因為你不乖。現在我想要你道歉，然後我會放你走。」小夏爾米噙著淚水啜泣地說：「對不起。」

搗蛋的角落效果好得不得了，易怒的幼童和好鬥的幼兒園小孩很快便學會要遵守家裡的規矩。第一次可能沒有用，不過家長了解到前後一致及說明清楚的懲罰，最終會改變孩子的行為。在電視上，這一切看起來很容易，只要設下規矩，有人不乖時，要快速又具一致性地說明規矩並處罰。

搗蛋的角落自然具有吸引力。使用管教方法來糾正壞行為，並沒有什麼奇怪的地方。打從我們小時候，父母及師長便會在我們不乖時加以處罰。就像超級保母，我們有許多人認為處罰能改變行為，避免我們去打破規矩。事實上，假如你仔細看，你會發現我們周遭到處都有搗蛋的角落，在家裡、學校及工作場所都有。它也深深地根植在我們的法律系統，國家及大眾要求法律應該如何回應壞行為。從孩子們日常的壞行為到社群的嚴重犯罪，使用懲罰來矯正壞行為似乎很自然，甚至是直覺的作為。因此我們有許多人擁有我們所謂的**懲罰性直覺**。

「適可而止。」美國參議員伊莉莎白・華倫（Elizabeth Warren）於二〇一六年二月在她的臉書這麼寫著。檢察官再度與另一家做出犯罪行為的華爾街大銀行（這次是摩根史坦利），又一次達成和解。正如她所說明：「這些傢伙犯了法，而且是為了老掉牙的理由：要賺更多錢。」在她看來，和解還不夠。「這家公司會付罰款，而且今天晚上，每一位密謀、策劃及詐騙的高階主管可以回去和家人相聚，揮霍他的豐厚紅利，臉上笑容不斷。沒有逮捕、沒有起訴、不用坐大牢。」她在先前的一篇《紐約時報》專欄主張：「正義不能意味著偷車的青少年得到刑期判決，而悄悄策劃數十億美元竊盜案的執行長只不過招來側目而已。」這篇專欄提及她對二十起公司犯法案件的評論。在這二十起案件中，只有一起是有位高層主管遭到判刑入獄。該起案件涉及某位公司高層主管，要為一件二十九人喪命的礦場意外負責，而這名主管只被判了入獄服刑三個月。

在臉書貼文及專欄文章發表幾個月之後，參議員華倫寫了一封公開信給司法部，批評對方不曾起訴涉及二〇〇八年金融危機事件，嚴重破壞聯邦安全及其他法律的九名人士。她在信中寫道：「這九人沒有一個去坐牢，或是遭到判定刑事犯罪。甚至沒有一個遭到起訴或出庭受審。」她說明：「該為金融危機負責，並造成數百萬名美國人遭遇實質困難的關鍵公司及個人，全都不曾面臨刑事指控。這種疏失真是太可恥了。」

當官方起訴政策改變時，華倫呼籲要求更嚴厲的懲罰。到了二〇一五年尾，歐巴馬政府的司法部已經承諾，要對如何對付公司犯罪的方式做出重大改變。根據司法部副部長莎莉・葉慈（Sally Q. Yates）於二〇一五年九月九日，在一份備忘錄中提出的犯罪政策，該部門開始優先起訴高階主管。正如備忘錄中所言：「打擊企業犯罪行為最有效的方式之一，就是向那些犯錯的個人追究責任。這種究責很重要，理由如下：它會遏阻未來的非法活動、激勵企業行為的改變、確保適當的一方為自身行為負責，以及促進公眾對於我們司法體系的信心。」不到兩個月後，司法部已經首度針對兩名銀行高層主管的二十八條詐欺罪名，做出有罪的判決。

懲罰高階主管的呼聲越來越強大，而司法部政策的整體轉變，顯然是以懲罰會改變行為的觀念為前提。施予懲罰之後，企業行為應該要變得更加順從，因此應該會防止下一場金融危機，或是重大的環境災害。這個邏輯很清楚。假如出現傷害及違法的錯誤行為，我們可以透過制定更嚴厲的懲罰來改變它。

保守派人士絕對擁有懲罰性直覺。一九七三年，尼克森總統談到：「當我們無法讓犯罪者為他的罪行付出代價，我們是在鼓勵他認為犯罪會有收穫。」雷根總統依照慣例，應和尼克森的話：「這麼多年以來，刑事司法的天秤傾向保護犯罪者權利的那一方。當今有太多判決並不適當，刑期也太短了。」一九八九年，喬治．布希總統曾說：「我們將不會有安全的社區，除非我們強硬對付毒品犯罪者，而且要比現在的做法還要強硬許多。」

民主黨人士也推出打擊街頭犯罪的說法。柯林頓總統簽署了由民主黨國會議員喬．拜登（Joe Biden）發起的《一九九四年暴力犯罪控制與執行法法案》（1994 Violent Crime Control and Law Enforcement Act）。這份法案的內容有三百五十六頁，是美國有史以來最大型的犯罪法案。柯林頓在宣布法案時說明：「它會讓警察走上街頭，把罪犯關進監獄中。它會擴大聯邦死刑，讓犯罪者知道假如他們有罪，他們會受到懲罰。它會讓守法的市民知道，我們正在努力讓他們得到應得的安全。」

政治人物熱愛懲罰。或許他們在誰該受到懲罰的方面，並未達成一致看法，不過他們對於不良行為最偏好的回應，就是懲罰。政治人物經常聲稱，他們必須支持更嚴厲的懲罰，因為大眾如此要求。在柯林頓的犯罪法案簽署生效過後二十年，美國國家公共廣播電臺（National Public Radio，NPR）

的凱莉・強森（Carrie Johnson），引述維拉斯法研究所（Vera Institute of Justice）所長尼可拉斯・透納（Nicholas Turner）針對打擊犯罪政策及國內懲罰性直覺的說法：「刑事司法政策深受公眾情緒，以及某種政治性直覺的驅動，訴諸公眾情緒更負面的懲罰性元素，而非受到事實的影響。」強森補充說：「那種公眾情緒要求把罪犯塞滿國內的監獄，這是一九九四年犯罪法案的一個重要部分。」

據信，公眾的情緒影響了政策。我們社會大眾太害怕罪行，以至於政治人物開始更嚴厲打擊犯罪，減輕我們的恐懼。然而，上述的分析所遺漏的事實是，公眾情緒和政治人物的行動之間，並非一條單行道。這並不代表數十年來，犯罪先於法案的政治言論可能增加大眾的恐懼，並且加深我們的懲罰性直覺。數十年來的總統全國演說告訴我們要害怕犯罪，以及更強大及更嚴厲的懲罰是保護我們安全的唯一方式。事實上，政治人物的回應也刺激大眾的懲罰性直覺。

這不只是美國現象。大家想想那些政治人物，諸如菲律賓的杜特蒂總統及巴西的波索納洛總統，他們能夠透過殘酷的嚴厲懲罰，保證降低犯罪率而得到民眾的支持。就算像是荷蘭的自由民主國家，也相信懲罰能減少有害的行為。在二〇一九年秋天的短短三週內，荷蘭的司法部長費迪南．格拉珀豪斯（Ferdinand Grapperhaus）採用兩項法案，提高大眾錯誤行為的課刑。第一項法案是將酒駕的刑期從三個月增加到一年。第二項法案是下令監禁那些犯下攻擊救護車、縱火或襲擊警察罪名的人。同樣地，自由派的丹麥也已擁有改為更嚴厲懲罰的民粹政治。在二〇一八年開始一項新法，針對那些居民大多為低收入及穆斯林的二十五個住宅區的人，雙倍加重其懲罰。法律稱呼那些指定地區為「貧民區」。

參議員華倫說對了，這實在不公平，企業高階主管接受的懲罰，遠比那些犯下街頭或毒品微罪的人更為寬大，假如那些主管真的受到任何懲罰的話。但是假如那些公司高階主管一開始就從未犯法，不是要好得多嗎？這難道不是法律防止傷害的核心功能嗎？要讓法律真的保護我們的安全，我們必須以不同方式去看待懲罰。我們不只是評估懲罰是否公平或正義，而是必須得知懲罰是否及如何塑造行為並降低犯罪。

害怕懲罰

切薩雷．貝卡里亞（Cesare Beccaria）一直害怕這世界尚未準備好接受他的觀點。他怕他針對刑事司法改革的短篇論文，會讓他遭受排斥，受到政府的報復。因此他選擇先匿名出版他的著作，《論法罪與刑罰》（*On Crime and Punishment*）。這本書在一七六四年出版時，引發了極大的震撼，不僅在他的家鄉米蘭是如此，在全球各地亦然。然而，那不是他所預期的震撼。當時的統治者並未責難他的觀點，反而壓倒性且公開地為之喝采。他的作品傳向東方，來到俄羅斯，當時的女皇凱薩琳大帝公開支持它，並且利用它來頒布她的指令給俄國立法者，希望他們建立一套包括治安、起訴、審判及監獄的現代刑事司法系統。貝卡里亞的影響力也往西傳到美國，啟發美國革命者湯瑪士．傑弗遜、喬治．華盛頓及約翰．亞當斯，以及他們對新法律的想法。貝卡里亞死後，他的著作繼續影響了重大的刑法改革及運動，包括一八一〇年的法國《拿破崙法典》，以及維克多．雨果在一八四八年的廢除死刑運動。

貝卡里亞的論點激進。他相信犯罪刑事司法遭到菁英分子控制，並且不公平地偏向他們。他主張這個體系應該更改為客觀且平等地對待所有人。他攻擊常見的酷刑，要求廢除死刑。他主張溫和又人道的懲罰，而非殘暴的刑罰。

貝卡里亞相信懲罰的力量。他尤其相信要「勸阻每個個體的專橫心態，把社會的法律推回到史前的混亂狀態」，懲罰是不可或缺的。然而，依他的看法，懲罰的核心功能是**防止**犯罪。任何無法防止犯罪的懲罰，他都認為是違背了自由美德、正義，以及將人們集結在社會裡的社會契約。在他提及孟德斯鳩的名句之一，他說：「每一種不是出自絕對必須的懲罰，都是暴虐的。」

貝卡里亞因此迫使他的讀者去思考，懲罰對於改變行為的效力。他的焦點放在防止犯罪，減少傷害行為。因此，他不只把刑罰視為一種懲罰形態，或是對受害者的補償，並且也是一種行為工具。對貝卡里亞來說，懲罰能藉由對潛在犯罪者逐漸灌輸恐懼，因而減少犯罪。他說明：「因此懲罰以及施予懲罰的方法必須加以選擇，根據需要的多寡來打造一個更有用、在人心更持久的印象，而且對犯罪者的身體造成較少的痛苦。」

現在我們把這個叫做**嚇阻**。懲罰在表面上能遏阻犯罪，因為體驗懲罰、見證懲罰，甚至只是聽說懲罰的人們會變得如此害怕，以至於他們一開始甚至不會考慮要犯罪。這聽起來過分簡單化，不過我們因為害怕受到懲罰而抑制壞行為的觀點，和超級保母的搗蛋角落非常類似。這也很像是政治人物在訴諸我們的懲罰性直覺時所說的話。

貝卡里亞闡述是什麼驅使我們害怕懲罰的觀點。他明確表達出三個嚇阻的核心元素。第一個是懲罰的嚴厲性。懲罰越嚴厲，人們就越有可能會害怕。第二個是懲罰的確定性。違法者越有可能被逮且受到懲罰，人們就越有可能害怕懲罰。第三個是懲罰的迅速性。從違法到接受懲罰的時間隔得越久，越少人會害怕懲罰，而懲罰也越無法遏阻他們。

對於像是貝卡里亞這樣的思想家，懲罰也是一種痛苦形態。就像不論古今的許多人一樣，貝卡里亞認為人類會對痛苦和愉悅做出回應。這個觀念很簡單：假如苦多於樂，人們就會避免行動。要防止某人在未來犯法，在他們第一次犯法時就要加以嚴懲，這樣受到懲罰的痛苦經驗會阻止他們在未來再度犯法。這種嚇阻形態叫做**特定嚇阻**。

痛苦懲罰形態的最佳例子是監禁。光是無法擁有自由就已經夠糟了，現在的美國監獄情況更有可能造成真正的生理痛苦。整體來說，有超過百分之二十的囚犯在監禁期間經歷了肢體暴力，而獄中攻擊人的比例較外面幾乎高出二十倍。遭受攻擊的囚犯被單獨監禁，表面上是為了保護他們。然而，雪上加霜的是，根據美國心理學會（American Psychological Association）指出，單獨監禁可能對生理及心理健康造成嚴重的普遍傷害，包括自我傷害、自殺意念、妄想症及攻擊性的風險都會提高。

蹲苦牢似乎能強烈嚇阻再犯。不過確實是如此嗎？數十年來的犯罪學學術研究分析過，在服刑及再犯可能性之間是否有關聯。假如特定嚇阻有用，那麼人們坐越久的牢，就越不可能再犯。懲罰越痛苦，嚇阻作用便越大，而人們就越不該在未來犯罪。

然而，證據顯示似乎不然。大部分坐過牢的人都會再犯罪。有一項針對二十七萬二千一百一十一人進行的大型研究顯示，這些人從美國十五州的監獄出來之後，有百分之六十八的人在三年內，再度遭到逮捕。在普通罪行的數字也類似，例如財產犯罪（包括竊盜及搶劫）和毒品相關罪行，兩者再犯的逮捕率分別為百分之七十三點八及百分之六十六點七。在荷蘭，出獄三年之後，超過百分之六十的人會再次遭到判刑。在英國，出獄兩年後的人，再定罪率為百分之五十七。這些只是官方的再逮捕率及再定罪率，並未反映出真實的犯罪率。事實上，有太多犯罪行為並未被發現，犯罪學家把它叫做「犯罪黑數」。犯罪黑數告訴我們的是，假如在這些國家的再逮捕及再定罪率，停留在百分之六十左右，實際的再犯率一定高得驚人。

然而，光是看那些曾經坐牢者的累犯率，不能就斷言監獄無法達到嚇阻效果。這樣是錯誤讀取數據。不幸的是，人們一旦開始犯罪，我們知道他們很可能會再犯。問題是蹲苦牢是否能減少這種再犯行為。少了監禁，犯罪者的累犯率甚至可能會更高。因此我們要拿被判刑入獄的罪犯，以及不曾入獄的那些人做比較。這裡的重大問題是，那些不曾入獄者的累犯率，是否高過那些曾坐過牢的人。在監禁特定嚇阻效果的最佳實徵研究中，將被判刑入獄者和犯下類似罪行（像是財產犯罪或輕微的毒品犯罪），卻獲得社區服務制裁者的再犯率進行比較。

二〇〇〇年，這類研究的第一份重要系統性文獻回顧出爐了。研究結果令人大感驚訝。學者並未發現監禁的經驗減少再犯行為。結果恰恰相反。和那些犯下類似罪行卻被判社區服務者相比，那些被判入獄者再犯的**頻率要高出許多**。後來的系統性文獻回顧發現了同樣的事。事實上，一份針對可用證據的最新回顧檢視了五十七份縝密的研究，發現監禁不僅無法減少再犯，實際上增加了犯罪。這份回顧的結論是，監禁提高了約百分之五到百分之十四的再犯率。

總的來說，研究並未發現監禁擁有特定嚇阻效果。在或許是最完美命名的報告，《監獄並未減少累犯：忽視科學的高昂代價》中，犯罪學家法蘭西斯．庫倫（Francis Cullen）及同僚明確敘述「監禁犯罪者並非神奇子彈，具有特殊的力量能引發恐懼，讓犯罪者在出獄之後能忍住不再犯」。「要說有什麼區別的話，」他們補充說：「看來監禁是一種粗糙的策略，不曾解決累犯的基本肇因，因此對犯罪者不具有，或者甚至是犯罪的效力。」

然而，我們必須明白，現存的研究並不完美。在很大的程度上，這是因為在衡量監禁對再犯的效力方面，有許多的困難。研究傾向於使用逮捕率或判刑率來獲得犯罪的數量，然而這些統計並不完整，因為許多罪行從不曾被發現。那就是「犯罪黑數」問題。另一個問題是，要區隔監禁對再犯的效力十分困難，因為有太多其他因素同時影響和懲罰無關的犯罪行為，例如社會經濟狀態、犯罪的機會，還有潛在犯罪者的年紀、性別和性格。

總的來說，監禁的保守觀點做出的結論是，儘管我們擁有直覺，還是沒有證據顯示監禁具有特定嚇阻效果。再者，許多學者推斷，監禁其實帶來更多的犯罪。研究者把這個稱為懲罰的**犯罪效力**，意思是監禁個人會促進更多犯罪行為。

二〇〇〇年，蓋瑞．尤因（Gary Ewing）當場被逮個正著。在加州瑟衰多的某家高爾夫球場，有位認真的球具專賣店店員注意到，當尤因一拐一拐地走出店面時，他的長褲鼓起了一團。結果尤因跛行的原因是，他想把三支高爾夫球桿偷偷挾帶出去。因為每支球桿要價三百九十九美元，他遭到起訴，後來被判了偷竊重罪。尤因極力想說服檢察官和法官，把犯罪類型從重罪減輕為輕罪。尤因不僅是想要減少幾個月或幾年的刑期，他是為了他的一輩子在奮鬥，或者至少是這輩子的一大部分。假如被判重罪，尤因會在加州於一九九四年採取的「三振出局」政策下，遭到判刑。而且因為高爾夫球桿竊盜案會是他第三次犯案，重罪指控意味著他會被判處二十五年的刑期。

顯然地，特定嚇阻對蓋瑞．尤因來說沒有用。他第一次遭到判刑是在一九八四年，當時他二十二歲，因竊盜而被判處六個月。接著在一九八八年，他為了汽車竊盜重罪而服刑一年。一九九〇年，他為了輕竊盜罪入獄六十天，在一九九二年則是因為毆打罪而入獄三十天。一九九三年，他為了一連串的罪名，包括入室竊盜、非法持有武器及搶劫，被判入獄九年。其中入室竊盜及搶劫視為第一次及第二次犯下重罪案件，高爾夫球桿會變成第三次犯案。

像這類的案例多不勝數。以三十三歲的柯提斯．威爾克森（Curtis Wilkerson）為例，他在某家百貨公司偷了一雙襪子。兩名警衛逮到他，並且刻意決定把他交給警方，而不是讓他付二點五美元買下那雙襪子。因為這次第三次犯案，柯提斯被判終身監禁。另外有一個人則是因為持有零點零九公克的海洛因，被判處無期徒刑。你能想像零點零九公克嗎？我們拿 Splenda 代糖包的包裝來試試看。你知道那是多少個代糖包嗎？連一個都不到。另外有一個人為了在全食超市（Whole Foods）偷了一個鮪魚三明治，被判刑七年，還有一個人是在 Kmart 偷了錄影帶，判處終生監禁，五十年不准假釋。

三振出局政策是試圖透過更嚴厲的判決來減少犯罪的明顯範例。藉著下令第三次犯案將帶來二十五年到終身監禁的結果，這項政策試圖把恐懼注入犯罪者的內心，嚇阻他們再犯，至少在假如他們有辦法出獄的話。不過除此之外，或許更重要的重點是，把恐懼注入其他可能考慮犯重罪的每個人心裡。犯罪學者把這個稱為**一般嚇阻**。這裡的核心邏輯是，懲罰某個犯罪者會造成其他可能犯罪者感到恐懼，抑制犯罪活動。貝卡里亞把這個視為懲罰的核心作用，他寫道：「如此一來，其目的便只是為了……防止他人做出同樣的事。」

一般嚇阻遠比特定嚇阻更受偏好。特定嚇阻只在犯罪者已經犯罪，而且因此受到懲罰之後才有作用。這意味著要減少非法及傷害行為，每個犯罪的人必須受到懲罰。依照它的邏輯，這也表示人們必須至少犯了一種罪，然後才透過懲罰學到要停止這麼做。但是透過一般嚇阻，懲罰可以達到制衡的效果。假如一個人受罰，其他許多得知懲罰的人也會受到嚇阻。問題是，懲罰是否能嚇阻其他可能的犯罪者。

就像研究特定嚇阻一樣，證實懲罰是否具有一般嚇阻效果並不容易。社會科學家花了數十年，分析不同形態的懲罰，例如較長的刑期、對企業犯罪施以經濟制裁或入獄判決，或是高度暴力犯罪判處死刑，是否能嚇阻其他人犯下類似的罪行。

這裡的核心問題是，懲罰的嚴厲性對一般嚇阻是否有影響。探究刑期長度如何影響犯罪的研究就是個好例子。進行這類研究的學者使用過各種複雜的方法和研究設計。許多研究使用政府在犯罪率及監禁率方面的整合數據，應用複雜的統計分析，試圖分離出犯罪的監禁效果。這其中有許多會影響犯罪的混亂可變因素，因此並不是一件容易的事。

此外，以這種方式使用數據，還有一個十分重要的問題。它無法明確地將因果分離。這在一開始或許似乎很合理，監禁和犯罪率只有朝一個方向互起作用：那就是越多及越長時間的監禁會減少犯罪。然而，當我們更深入一點思考，我們立刻意識到，這種情況應該反之亦然。犯罪的數量直接影響我們對犯罪者做出多少的懲罰，因此也影響到監禁率。所以呢，要分離監禁對犯罪的效果以及犯罪對監禁的影響，是非常困難的事。當然了，研究使用實驗性設計（所有條件都受控制，並且隨機分配）的監禁效果是不可能的事。研究者發現最好的方式是進行準實驗，也就是科學家在實際改變監禁政策的之前及之後，研究犯罪行為。

諷刺的是，像是高爾夫球桿竊賊，蓋瑞．尤因的案例，提供了理想的準實驗背景來測試一般嚇阻及加強懲罰的效果。這裡有個明顯的「之前」和「之後」。在一九九四年之前，加州對這些案例的刑期比一九九四年之後，也就是三振出局法已開始實施後要輕得多。因此，加州、另外二十四州，以及採用類似法律的聯邦政府，提供了絕佳的測試案例。

三振出局法是否讓我們看到較長的刑期能嚇阻其他人犯罪呢？簡短的答案是：其實不然。

在二〇〇一年出版的《懲罰與民主》（*Punishment and Democracy*）一書中，柏克萊犯罪學者法蘭克．辛姆林（Frank Zimring）及同僚提出一份深度研究，內容是關於加州三振出局法的嚇阻效果。這份研究使用來自加州九大城市的七年數據，檢視制定三振出局法之前及之後的犯罪率。辛姆林及同僚發現，制定了這項政策之後，犯罪率確實下降了。不過問題是，這個犯罪率早在三振出局法頒布之前，就已經下降了。而且最重要的是，他們發現這條法律並未加快下降的程度。

為了提供更穩健的測試，辛姆林及同僚聚焦在有前科的罪犯。他們認為或許三振出局法對第一次犯罪者不起作用，但是對已經有犯案紀錄的人，具有強烈的嚇阻效果。畢竟，在三振出局法之下的新加重判刑，這些人的損失最大。這是一個合理的觀點。不過他們發現，這項法律甚至對第二次犯案的犯罪者也沒有顯著效果。事實上，他們的結論是，三振出局法的嚇阻效果介於「零到百分之二」。

許多其他學者也得出相同的結論。有些研究者使用新方法，比較那些情況類似，已經及尚未頒布或施行三振出局法的郡。對這些郡進行比較之後，一項研究發現，和相對比較溫和執行三振出局法的郡相比，那些強烈及嚴格執行的郡，在任何犯罪類型都不曾出現下降現象。另一名研究類似數據的學者表示：「加州的三振出局法並未顯示出，對犯罪行為具有重大的嚇阻或失能效力。」

令人擔憂的是，有些證據顯示三振出局法可能增加了犯罪行為，尤其是暴力重罪。有一項涵蓋美國一百八十八座城市在二十年期間的研究發現，就短期而言，三振出局法增加了百分之十三到十四的犯罪率，就長期來看則是百分之十六到二十四。在一份有著貼切標題的《三振出局法的致命影響》報告中，威廉與瑪麗學院（College of William & Mary）的經濟學教授，湯瑪士·曼威（Thomas Marvel）及卡里索·穆迪（Carlisle Moody）說明，三振出局法在殺人罪方面，就短期來說增加了百分之十到十二，長期則增加了百分之二十三到二十九。他們發現，「因為三振出局法要求將有前科的罪犯判處嚴厲的刑期，已經兩度犯案的罪犯害怕這條法規，因此會期待採取額外的步驟來避免懲罰。」面對第三次犯案的人可能變得特別暴力，以免被逮。

這項政策也可能會適得其反，因為兩度犯案的人一旦決定要犯下第三次罪行，他們就豁出去了。波士頓大學行為經濟學教授，雷·菲斯曼（Ray Fisman）極具說服力地說明了這種困境。假設你已經決定你的唯一選擇是犯法，你要偷東西來換點錢。問題是，你要偷點什麼，才能以較小的代價獲得較大的收益呢？「你會到本地的球具專賣店偷幾支高爾夫球桿嗎？還是會去搶銀行？搶銀行的收穫顯然要大許多，而處罰是一樣的：搶銀行會讓你在牢裡蹲上幾十年，不過假如這是你的第三次犯案，順手牽羊也會。」這個例子或許很極端，不過邏輯是成立的。無論如何，你都會面臨第三次犯下重罪案，所以何不幹一票大的呢？

有兩份報告都提出了一些懷疑。在第一份報告中，埃默里大學（Emory University）經濟學博士，現任法學院副院長的喬安娜・薛波（Joanna Shepherd）使用一九八三到一九九六年之間，加州五十八個郡的犯罪數據，取得了更詳細的郡級觀點，檢視三振出局法的效果。薛波確實發現，和其他研究相反的是，三振出局法具有嚇阻效果。甚至第一次犯案便是強烈的威脅：「潛在的犯罪者害怕最初犯案時，犯下較不符合初次犯案資格的罪行。」然而，她並未發現對於謀殺及強暴有強烈的嚇阻作用，也就是說對三振出局法最初制定的目標，暴力犯罪並不見效。她以暴力犯根本不在乎會帶來長期服刑後果的事實，說明這項研究結果。「假如罪犯像許多人相信的，嚴重漠視自己的未來，更嚴厲的判刑可能不會大幅提升罪犯對謀殺刑期的看法。」

在第二份研究中，兩位經濟學家也發現，三振出局法確實具有嚇阻效果。

不過，他們的研究揭露了一個不同的問題。根據他們的計算結果，三振出局法並不划算。使用三振出局法來防止一件犯罪，大約要花費十四萬八千美元，而每件犯罪案件的平均花費，只有三萬四千美元。基於這個龐大差異，這份研究主張，假如為了因應三振出局法的加強懲罰，花在判決及監禁罪犯的四十六億美元，改為用來支付更多警力走上街頭巡邏，對打擊犯罪會產生更龐大的效果。與其藉由三振出局法進行判決及懲罰，每年減少大約三萬件犯罪案件，把這筆錢花費在額外的警力巡邏的話，每年會減少一百萬件犯罪案件，這可是超過三十倍的效益。

整體來說，我們能做出的結論是，現有的社會科學知識從根本質疑三振出局法的嚇阻效果。沒有確證證明三振出局法的較長刑期對犯罪具有嚇阻效果。許多研究並未發現任何嚇阻效果，而有少數研究確實發覺有這種效果，但是發現它不曾嚇阻原本想要防止的暴力犯罪，或是發現它的嚇阻效果成效太低，比投資更多警力的花費也更大。不過或許科學家並未發現支持嚇阻效果的證據，因為他們並未檢視最強烈的可能懲罰：死刑。

一九七五年，經濟學家艾薩克・伊爾里奇（Isaac Ehrlich）發表了一篇論文，他嚴肅卻適切地下標題為「死刑的嚇阻效果：生與死的議題」。伊爾里奇使用計量經濟模式來研究死刑是否影響謀殺率。伊爾里奇的研究結果歸結為一個簡單又經常被引用的結論：「在提及的期間，每年額外的死刑可能導致平均減少七或八起謀殺案。」對伊爾里奇來說，死刑具有明確的嚇阻效果，而每次有人遭到處決，就能防止七到八起命案的發生。

伊爾里奇對死刑嚇阻效果的研究，為一個高度兩極化辯論的複雜問題提供了清楚的答案。對美國的死刑來說，這份研究是場及時雨。從一方面來說，最高法院在此時暫停執行死刑，不過就另一方面而言，就在幾年前，尼克森總統發表演說，竭力擁護死刑。毫不令人意外地，這份研究吸引了許多關注。研究結果發表之後，美國司法部副部長甚至在一件最高法院案件，奎格對喬治亞案（Gregg v. Georgia）所提出的法庭之友意見書中，使用這份研究結果，最後恢復了死刑判決。某位哥倫比亞法律教授在四十年後回顧時評論：「他的結論具有媒體金句及保險桿貼紙結合政治炸藥的衝擊力。」

然而，這其中有個問題。一九七〇年代，就在伊爾里奇發表了他的研究成果之後，重要的學術文章及同儕評閱的期刊質疑他的方法與結論。學者指出這份研究在「他選取的樣本期間及／或變數，以及他評估的謀殺案供應方程式及方程式的功能形態」方面，有其缺點。這些學者評論在一份由國內在科學議題上，獨立人士及專家建議最重要的來源，國家研究委員會（National Research Council）所進行的研究中，甚至達到了最高點。這個委員會是由頂尖學者所組成，他們擁有各自不同的觀點，不過集體負責對聯邦政府、一般大眾及社群，就科學研究結果的狀態提供建議。它的報告在向大眾公布之前，要經過一樣擁有不同觀點的外部獨立專家縝密的檢視。一九七八年，該委員會發表了一份報告，提出伊爾里奇的報告中一長串的瑕疵，並且質疑他的研究結果。這份報告的結論是，「現有的研究無法就死刑的嚇阻效果提供有用的證據。」伊爾里奇的研究儘管在一九七〇年代受到廣泛使用，在幾十年後依然失寵。

然而，從二〇〇〇年代起，伊爾里奇的研究又再度興起。大部分由經濟學者進行的新研究做出相同的結論，表示死刑能嚇阻犯罪。某份研究發現，一件死刑能遏阻高達三十二起謀殺案。不僅如此，另一份報告主張，死刑甚至能嚇阻非理性犯罪，例如情殺。另一位經濟學者甚至推斷出，在有死刑的地方，像是罰款及監禁的非致命制裁，也具有增加的嚇阻效果。也就是說，當死刑存在時，其他較輕的制裁開始更有效地嚇阻犯罪。正如某份研究對這種新「嚇阻」研究成果做出總結：「死刑的嚇阻效果顯然不確定，並且提供執行死刑做為日常犯罪的萬靈丹。」

就像在一九七〇年代，新研究再次引發了一場大混亂。各大報章雜誌，包括《商業周刊》、《波士頓環球報》及《丹佛郵報》，慣常引述某份這類的研究，研究結論為每次死刑能防止五起命案，赦免及減刑則會增加謀殺案。支持死刑的團體開始像野火燎原般，散布這些研究。而且，就像在一九七〇年代，新嚇阻研究再次於死刑案件法庭上提出的法院之友意見書中，受到了引述。某份新嚇阻研究的作者之一，喬安娜・薛波在眾議院司法委員會作證，說明「有充分證據顯示，每次執行死刑都會嚇阻三到十八起的謀殺案」。

然而，就像在一九七〇年代，新嚇阻研究隨即受到各大學者猛烈批評。某份評論該文獻的嚴厲研究發現，這些研究經常仰賴「少許的門外漢說明及短短的幾年時間」以及「來自刪節時間範圍的人造結果」。這些研究遭到不適當的統計方法濫用，經常遺漏關鍵數據，並且無法解釋其他影響謀殺率的主要因素，例如藥物氾濫。或許最重要的是，新嚇阻研究並未真正測試嚇阻。它們永遠無法直接測試潛在犯罪者是否因為害怕死刑，選擇不去犯下謀殺罪。新嚇阻擁護者從未檢視過，執行死刑是否讓原本想犯罪的人嚇得不敢犯罪。正如一篇批判的報告中肯地說明：「我們並不清楚所知的潛在謀殺犯是否顧慮遭處死刑的風險：他們是否受到死刑條例的通過、州內執行死刑的數目，以及可能容易遭到判處死刑的謀殺罪特定類型等，諸多細節的影響？」

假如這樣還不夠，也有證據顯示死刑帶來**更多**犯罪。研究者不斷發現，死刑具有「殘忍化效應」，最後導致增加了命案。判處死刑的殘忍激發了罪犯，將他們的暴力合理化。舉例來說，有份研究發現執行死刑之後，殺害陌生人的謀殺率立刻增加。即便是薛波，這位經濟學家在眾議院司法委員會作證時，支持死刑的嚇阻效果，但隨後也做出結論，說明死刑可能導致這種殘暴性。

就像在一九七〇年代，這件事在一份國家研究委員會報告中再次達到高峰。這份新的國家研究委員會報告提出了不受歡迎又令人警惕的結論：「目前針對因命案判處死刑的效果，並未顯示死刑是否減少或增加謀殺率，或者毫無效果。」

這一切顯示的是行為密碼有多複雜。要分離出更嚴厲懲罰的效果非常困難，因為有許多因素會影響我們的行為。而且更重要的是，這些研究依然沒有建立起不可或缺的完整因果鏈，證明真的有一般嚇阻，也就是說潛在犯罪者真的決定不去犯罪，因為害怕他們看到其他人所得到的嚴厲懲罰。這會需要非常不同的數據，而不只是監禁及犯罪率，還要加上潛在犯罪行為者在一時興起之下的知覺及決定。此外，這些研究是關乎每一種背景下的所有刑罰及懲戒類型，要統整歸納非常困難。舉例來說，有一些證據顯示，在一開始增加罰金能嚇阻交通違規者；然而，沒有科學證據顯示出，更嚴厲的懲罰對企業犯法者能產生嚇阻效力。

總的來說，沒有確實證據顯示，更嚴厲的懲罰能或不能嚇阻犯罪行為。在嚇阻效果及更嚴厲的懲罰和犯罪之間建立連結，是一件高度複雜、也需要特定背景的事。從更嚴厲的懲罰到犯罪決定的因果鏈，不可能完整建立。

我們只剩下令人大感挫折且具有多重可能解釋的結論。選項之一是我們能說，我們就是不知道，科學無法證實更嚴厲的懲罰是否能達到嚇阻作用。國家研究委員會在針對死刑的報告中，兩度得到這種結論。最後得到這種結論的問題在於，大眾辯論很可能會繼續進行，既沒有科學基礎，也沒有關於更嚴厲懲罰結果的科學懷疑。極有可能的是，關於更嚴厲懲罰的辯論會回到我們單純的直覺感受：更嚴厲的懲罰當然必有嚇阻效果。

較好的選擇是清楚說明，針對較嚴厲懲罰的一般嚇阻效果，缺少確實證據會導致什麼後果。這意味著合理的懷疑是，更嚴厲的懲罰本身會具有預期的嚇阻效果。這種懷疑需要非常謹慎的研究，檢視是否應該實施更嚴厲的懲罰，尤其是事關生與死或終身監禁。它至少意味著考慮增加懲罰的社會，應該收集所有能得到的證據，謹慎評估對犯罪的任何影響。正如貝卡里亞在二百五十年前所寫的：「每一種不是出自絕對必須的懲罰，都是暴虐的。」

對於更嚴厲懲罰的正向作用產生懷疑，也意味著我們不能單看懲罰的嚴重性而已。我們必須基於人們在哪種條件下對制裁做出回應，從而進行評估。

確定犯罪行爲

雖然沒有確實證據顯示更嚴厲的懲罰具有嚇阻效果，對於懲罰確定性在嚇阻犯罪之中所扮演的重要角色，科學家得到了有力的結論。不斷有研究發現，懲罰只有不可避免時，才能嚇阻犯罪。懲罰越確定，犯罪者越有可能遭到逮捕、起訴、判刑，並且繳納罰金或入獄時，懲罰才越有可能達到嚇阻效果。卡內基梅隆大學的知名犯罪學者丹尼爾．納金（Daniel Nagin）曾參與超過三十年的嚇阻研究，他在探討現存研究時做出結論：「支持懲罰確定性各種方法之嚇阻效果的證據，遠比懲罰的嚴重性更具說服力也更一致。」

研究顯示，少了某種底限程度的確定性，懲罰便不具嚇阻作用。犯罪學者發現，在逮捕率低於百分之三十的地方，犯罪行為會增加；在逮捕率**高於**百分之三十的地方，犯罪率便會下降。因此，懲罰的確定性似乎具有某種臨界點。後來的研究複製了這些研究結果，提出的確定性門檻標準介於百分之二十到百分之四十。相同的研究也指出，許多社群在確定性部分，從未達到必須的臨界點程度。

假如被逮的確定性很重要，執法機關對嚇阻來說就變得不可或缺了。也就是說，當警方在社區內經常露臉，人們對於犯罪就會三思而後行了。因此雇用更多警力，或者光是讓警方在社區中更常露臉就能減少犯罪行為。後者被稱為哨兵作用：警方的現身具有哨兵的功能，藉由讓遭到逮捕的機會高得驚人，嚇阻並預防犯罪。研究發現，比起投資監獄系統，投資警力是遏阻犯罪更有效的方式。

當然了，警力不可能隨時隨地都看得到，但是他們不需要如此。犯罪學者發現，有些犯罪的「熱點」擁有高於平均的犯罪率。有份研究分析在一年內打給明尼亞波利斯警方的三十二萬三千九百七十九通電話，發現了清楚的高犯罪率熱點地理模式。整體來說，這份研究發現在明尼亞波利斯，所有報警電話的百分之五十全都來自於市內百分之三的地區。該研究特別發現，所有通報的搶劫案都發生在市內百分之二點二的地區，所有通報的強暴案都發生在市內百分之一點二地區，而所有通報的汽車竊盜案則是發生在百分之二點七的地區。後來針對其他城市的研究，包括澤西市及西雅圖，也都有類似的研究結果。

假如犯罪主要發生在熱點，並且假如警力的現身能強烈增加被逮的確定性，因此減少犯案，那麼把警力集中在這類熱區是合理的。支持這種邏輯上很合理的研究發現，增加警力在熱區現身能減少百分之六到百分之十三的報警電話。

你或許會納悶，打算犯案的罪犯是否會多走幾條街，到警力較少的地方去。第五街有太多警察了，所以我去搶劫第七街的超商好了。事實看來並不是這麼一回事。研究者持續發現，在城市的特定地區增加警力現身，不會使得犯罪行為從某個地區轉移到另一個地區。不僅是沒有證據顯示犯罪行為會因此轉移到鄰近地區，更有證據顯示鄰近地區的犯罪率也會因而下降。

我們必須在此加上警語。假如熱點治安策略以錯誤的方式在錯誤的背景下執行，而且少了社區成員足夠且不間斷的投入與監督，結果可能奇糟無比。這種情況的一個最佳例子是紐約市的攔檢盤查警務。二〇〇三年到二〇〇八年期間，在紐約的攔檢搜查暴增到五倍，但是這種勤務到二〇一一年才達到顛峰，警方在一年內攔檢紐約人超過六十八萬五千次。原本的理念是這些大量警力干預有助於加強毒品及槍枝偵查，讓它們在街頭消失。然而，攔檢盤查的員警不成比例地經常出現在貧窮及少數族群的地區。尤其在紐約，這些政策執行的方式帶有強烈的種族歧視。和白人相比，拉丁裔及西班牙裔遭到攔檢的機率高出三倍。二〇一六年，百分之八十二遭到攔檢者要不是黑人就是拉丁裔。二〇一三年，美國地方法院法官席拉・辛德林（Shira A. Scheindlin）判決紐約的這種做法違憲。根據來自紐約公民自由聯盟（New York Civil Liberties Union）的數據，攔檢盤查政策極為昂貴且適得其反，幾乎有百分之九十的攔檢並未查出違禁品。不過更糟的或許是，這項政策侵蝕了大眾對執法以及法制系統合法性的整體信任，以及我們稍後會討論的，這可能造成更多犯罪，而非減少這種行為。

強化確定性並不容易。執法單位總是能力有限，無法察覺所有的非法活動，而且即便當他們有辦法，也無法總是得到成功起訴及定罪的結果。為了更了解這部分，讓我們來看看企業的世界。

二〇一四年，艾瑞克・英格蘭（Eric England）在奧勒岡州波特蘭市歷史悠久的艾琳尼策爾音樂廳（Arlene Schnitzer Concert Hall）外面等，但是叫不到 Uber 來載他。他不斷刷新應用程式，直到終於有一位駕駛接受他的搭乘要求。英格蘭和其他想在寒冷夜晚回家的音樂會觀眾不同，他是去那裡想逮到違法的 Uber 現行犯。

世界領先的共乘公司，Uber 先前已經宣布會在波特蘭開業，即便這顯然違反了當地的計程車規範。事實上，波特蘭的交通局局長，史蒂夫・諾維克（Steve Novick）已經告訴一名 Uber 政治顧問，他們不受歡迎。他直截了當地說：「叫你們該死的公司滾出我們的城市！」因為 Uber 已經宣布，它反正會在波特蘭開業，諾維克派了英格蘭及許多其他的督察員去找出替 Uber 工作的駕駛，並處以罰鍰。英格蘭假扮音樂會觀眾，希望能逮到正在營業的 Uber。英格蘭開啟了他的 Uber 應用程式，叫了一輛車，然後等待著。

Uber 應用程式顯示英格蘭的駕駛會在五分鐘內抵達。上面顯示車子會在哪裡經過，它會走哪條路來載他。時間不斷流逝，距離也一步步縮減，直到忽然間行程被取消了，然後應用程式顯示車子已經從他的身旁開過去了。

英格蘭不知道他從一開始就不曾進入正常版的 Uber 應用程式。即使他依照幾百萬人所做的程序，下載應用程式，然後叫 Uber 搭載，他其實從未真的叫車。儘管應用程式和過程看起來都一樣，正如《紐約時報》後來的報導所顯示，英格蘭已經被「灰球」了。

「灰球」是Uber應用程式裡的一個神祕系統，把像英格蘭這樣的人標示為對公司的潛在威脅。你一旦被標註了，系統就會把使用者轉移到假版本的應用程式，功能看似正常，但是會讓他們叫不到車。上面顯示的車和駕駛都是不存在的幽靈。這一來，Uber能成功規避某些城市試圖對他們的駕駛強索的大筆罰金。

這只是Uber用來保護自己及駕駛們免於挨罰的許多不同方法之一。這家公司先發送駕駛手冊，告知要如何避免為了各種不同違法事件而被逮。比方說，駕駛會得到一些訊息，像是「把你的Uber手機從擋風玻璃後頭拿走，放在杯架裡」，以及「使用距離叫車站路邊最遠的線道讓客人上下車」，這些都是如何不被逮的實用指示。萬一真的被逮到，Uber承諾駕駛們，公司會繳納罰金。駕駛只要把罰單的照片寄到Uber的電子信箱即可。

然而，灰球系統就不同了。它牽扯得更深入，因為它有效地暗中破壞政府當局，例如在波特蘭的那些機關，已經開始使用的臥底行動。設計這個系統最大的挑戰在於如何區別合法顧客及潛在的執法威脅。Uber 的工程師想出許多方法來達到這個目的。比方說，他們使用「地理圍欄」，在警局及其他執法場所的周圍畫出一道數位圓周，然後監視在那些地區開啟及關閉 Uber 應用程式的人。這會被視為可疑行為，把對方放在 Uber 的灰球名單上。更有問題的是，Uber 也會分析新用戶的個資，例如信用卡、電話號碼及地址，看他們是否和執法機關有任何關聯。

在違法時成功規避偵查的公司，不只 Uber 一家。多年來，伯尼．馬多夫有辦法操作金字塔騙局，讓他賺進幾十億美元，而投資者認為他們的收益是來自真正的獲利，而不是彼此。他也有辦法就在美國證券交易委員會（Securities Exchange Commission，SEC）的眼皮底下這麼做，而後者已經兩度突擊搜查他的辦公室了。問題在於 SEC 突襲搜查了某棟大樓的十八及十九樓，合法的業務及投資都是在那些地方完成的，但他們不知道整個十七樓是專為操作馬多夫的金字塔騙局所設置的。我們也想到在索奇舉辦的二〇一四年冬季奧運會期間，俄羅斯體育部成功規避藥檢的聰明才智。當他們設計藥檢實驗室時，俄國人在藥檢官方人員採集正式尿液樣本的一二五號房，以及我國醫藥團隊把含禁藥的樣本掉包成乾淨樣本的一二六號房之間，設置一處秘密通道。他們甚至發現一種方法，把應該是牢不可破的禁藥樣本容器封緘替換掉。

人們運用才智隱藏非法行為。伯尼·馬多夫和俄羅斯禁藥案顯示出他們能這麼做，即便當他們受到政府監管者的直接監督及密切注意。

他們能打造社會學者蓋瑞·葛瑞（Garry Gray）所謂的「波坦金村」（Potemkin Village），這個說法源自俄羅斯的故事：凱薩琳女皇在一七八七年造訪她的新領地，而負責管理該處的格里戈里·波坦金（Grigory Potemkin）以紙板打造了一座村莊，想令她留下深刻的印象。

隨著科技進步，規避當局的偵查不再需要在牆壁打鑿祕密通道，或是租用秘密樓層。這一切所需要的是一支聰明的密碼團隊。違法者越強大及資源越豐富，違法行為就越複雜，執法機關要偵查犯罪也就越困難。這類違法者面對的懲罰越嚴厲，他們就會投入越多資源，以免被逮到。問題不僅止於偵查非法行為而已。想想起訴者在對付複雜的犯罪類型，蒐集證據時所面對的挑戰。這裡的關鍵問題是蒐集違法證據，然後以陪審團會採信的方式呈現出來。會帶來這種高度挑戰的複雜案件不限於企業犯罪。想一下紐西蘭這份驚人的統計數值：所有提報當局的性暴力案件中，只有百分之十一最後遭到定罪。

問題不光是起訴而已。有時候，尤其是企業案件，就算有充分證據，當局依然無法執行判決。由加州大學爾灣分校的法律教授伊薩拉・羅斯（Ezra Ross），以及普度全球（Purdue Global）法學院院長馬丁・普里提金（Martin Pritikin）合作一份令人震驚的研究顯示，企業收到命令繳交罰金之後，實際的收取率經常遠低於百分之五十。事實上，司法部在強制收取的罰款之中，僅收到大約百分之四。美國主要的礦務局之一，露天採礦處稍微好一點，收取率有百分之五。加州高速公路巡查處收取到約百分之六點六的罰金。就算是表現最好的部門，例如證券交易委員會，也只收取到大筆罰款的約莫百分之四十五而已。

社會科學最終發現，確定性比嚴重性來得重要。因此，要改進我們的法律以及行為密碼的運作，我們必須投資好的、符合憲法的，以及以社群為基礎的執法單位，而不是打造更多的監獄。此外，我們應該停止每次又聽見一種破壞法律的驚人形態時，就提高刑罰，而是專注在確保犯罪者遭到逮捕並受到懲罰。

認識懲罰

荷蘭納稅人有很長的一段時間過度高估了執法機關。在申請個人所得退稅時，荷蘭人會認為要是他們欺詐的話，有很大的機會會透過審查而被發現。此外，他們認為被逮到時，個人逃漏稅的懲罰會很嚴重。事實上，荷蘭稅務機關難得審查個人的所得稅問題，而且當他們發現違法行為時，只會提出輕微的制裁。對稅務機關來說，如此過度評估風險及嚇阻十分理想。就算是在只有有限的強制執行，以及非常難抓到違法者的情況下，還是會有一種嚇阻的假象。

然而，反向亦然。即便在有強大的執法情況下，人們的感知也可能是違法者有些許的機會，不會被發現及受到懲罰。社會科學顯示，嚇阻是主觀的，完全視可能犯罪者的感知而定。假如潛在的犯罪者低估了確定性及嚴重性，他們的行為所產生的效果會造成暗中破壞。

二〇〇五年，三位澳洲及美國政治科學家有系統地分析化學工業環境管理者的執法感知。他們的研究檢視聽到其他公司為了非法汙染而受到懲處，如何影響不同公司的環境管理者做出合乎環境法規的決定。該研究發現，環境管理者對於罰款的頻率及嚴重性的認識完全不正確。正如研究的總結：「回應者提報它們聽到的罰款遠比實際發生的還要少很多。比方說，在回應者的記憶中，其他公司（在美國的任何地點，時間是過去這一、兩年）遭到罰款的中位數只有八家。然而，光是路易斯安那州，在一年的期間內（二〇〇一年七月到二〇〇二年六月），有三十二家公司為了環境違法事件遭處罰款。」此外，最多的回應者記得在這些案件中關於違法的細節，但是不記得汙染者接受的懲罰。事實上，回應者有系統地低估了懲罰的確定性及嚴重性。

一名參與者的懲罰影響了其他參與者對這種懲罰的感知，這個過程並不明確，也不是自然生成。資訊會遺失，而且遭到散布。假如受控管的參與者，例如荷蘭的納稅人，過度評估嚇阻威脅時，這便不成問題。然而，當人們低估了懲罰的風險，這則成了一個大問題。這意味著無論執法者做出什麼努力，也不管花費多少錢去強化懲罰的確定性及增強偵查，都不會自動轉變成足夠的更高風險感知，也不會帶來期待中的那種順從行為。偵查及懲罰違法者是不夠的，同等重要的是執法行動要適當溝通。

對於各種不同罪行的懲罰會有哪些確定性及嚴重性，人們通常沒有清楚的概念。大眾的看法及懲罰的確定性和嚴重性之間出現錯誤搭配。犯罪學研究顯示，白人在比較特定犯罪時，通常能分辨會得到哪些懲罰，不過他們搞不清楚對於某種特定犯罪，懲罰的真正可能性及嚴重性。比方說，某項研究在美國四十五個大型縣市針對一萬五千名成年人進行調查，結果顯示在人們對懲罰的嚴重性及確定性的感知，和實際的數字之間，關聯幾近於零。事實上，二〇一三年的一份針對現存研究的探討中，犯罪學家羅伯特・艾波爾（Robert Apel）的總結是：「少有例外地，在犯罪制裁及個人感知之間的報告連結相當薄弱。甚至包括少數的控制變項傾向於排除任何重要關聯，這象徵制裁—感知連結可能有多薄弱。」

我們也知道，關於嚇阻的感知可能隨著新經驗改變。比方說，犯罪學家發現有一種所謂的**經驗效果**。犯了罪但是沒被逮的人對確定性及嚴重性會產生較低的風險感知。基本上，犯法卻不受懲罰的經驗教導犯罪者相信，他們能繼續犯罪而不受罰。

然而，體驗懲罰或看見他人受到懲罰，並無法總是增加人們的嚇阻感知。大部分的研究發現，被逮並受懲罰的犯罪者只有在他們原本認為這件事的確定性很低時，才會傾向於產生更高的感知。問題在於，其他被逮又受到懲罰的犯罪者可能看到較低的風險。犯罪學家貴格．波加爾斯基（Greg Pogarsky）及艾利克斯．皮戈洛（Alex Piquero）把這個連結到「賭徒謬誤」，也就是犯罪者相信厄運不會兩度降臨。

總之，這項研究成果顯示一個關鍵但經常被忽略的嚇阻面向：懲罰要嚇阻犯罪，不只是必須確定，人們也必須**感知**這個事實。艾波爾在他對這項研究的概述中做出結論：「在主觀機率及懲罰事實之間明顯缺乏一致性，阻礙了嚇阻理論。假如人們只是模糊察覺在他們的國家、州或城市的犯罪懲罰，那麼懲罰的嚇阻理論基礎會受到嚴重的破壞。」要讓懲罰能真正嚇阻犯罪，溝通是關鍵。逮捕並成犯罪者還不夠。要達到嚇阻效果，當局必須採取同等重要的下一步，向一般大眾溝通執法行動。偵查及起訴犯罪不過是成功嚇阻的第一步，和潛在犯罪者溝通是重要的第二步。

抗拒我們的懲罰直覺

從一九九〇年代中期起，紐約市約翰傑刑事司法學院（John Jay College of Criminal Justice）的人類學教授大衛・甘迺迪（David Kennedy）已經成功說服幾處大型的美國警察局採用他的科學根據方法，減少暴力的幫派犯罪。他的策略已經成為眾所周知的「集中嚇阻」。它變得赫赫有名，是因為它在「停火行動」中成功減少多年來存在於波士頓的猖獗幫派暴力。

甘迺迪的方法是直接對準關於嚇阻的關鍵科學見解。首先，他擺脫嚴厲懲罰甚至是最輕微的罪行，這在當時全國各地打擊犯罪的「零容忍」和「嚴加打擊」活動中已經變得很流行。他反而追隨貝卡里亞的觀點，把確定性及迅速性變成重點。在這麼做的過程中，他設法確保這其中會有懲罰確定性的底限程度，因為少了這個，有一些懲罰就無法進行。

其次，他強調關於懲罰的溝通。他特別使用具針對性的訊息傳送給最具暴力傾向的幫派，清楚地告訴他們，假如他們的幫派不終止暴力的話，會有什麼下場。為了這麼做，他要求地方當局強迫處於假釋和緩刑期的幫派成員參加會議。他們在會議中會受到警告，假如他們不終止暴力的話，他們和他們的幫派會面臨確定、迅速又嚴厲的懲罰。例如他的方法使用了嚇阻文獻裡的兩個重要見解：確定性及改變感知。

不過在嚇阻之外，甘迺迪提供幫派分子就業諮詢及生活輔導。他也運用來自當地社區的道德壓力，說服年輕人改變他們的暴力生活。在這麼做的過程中，甘迺迪直接與其他社會科學見解做連結，也就是減少犯罪需要社會經濟機會，以及人們在他們的社區對社會及道德訴求做出回應。

甘迺迪的方法在一個其他辦法都行不通的社區，有效減少幫派暴力。辛辛那提也出現了類似的成果。那裡的居民深受每天報導的謀殺案困擾，擔心這座城市會得到極端暴力的名聲。結果執法單位對於甚至是最低程度的罪行及輕微違規，採取了零容忍行動。然而，就算是在採取零容忍行動的三個月期間，微罪的逮捕次數激增，這場行動適得其反。該市的命案增加，達到有史以來的新高，每天有高達十二起新增的謀殺案。似乎沒有任何方法有效，直到市警局採取甘迺迪的針對目標嚇阻方法。

這個方法大為成功。並不是所有會議都順利進行，也不是所有想要求職的年輕幫派分子最後都獲得工作。雖然如此，市內與幫派有關的謀殺率下降了。一份長期追蹤這些效果的研究發現，在辛辛那提實施這種方式之後，與幫派有關的命案在二十四個月之內下降了幾乎百分之三十八，在四十二個月內則下降了百分之四十一。這種集中嚇阻行動顯然在其他地方也有驚人的成效。一份實證評估探討在大範圍的各個城市中，這種方法的效力，結果發現整體來說，它能減少犯罪。雖然並不是每個地方都有絕佳成果，不過它確實有效。

儘管有了這些成功案例，甘迺迪面臨了一場硬仗，要說服警察部門採取他的方法。他的外表或許是最初的障礙。約翰．席布魯克（John Seabrook）在《紐約客》的報導中表示，警方會說些像是：「看起來像耶穌的傢伙能就辛辛那提的犯罪層面，給我們什麼建議？」他看起來不像任何其他學術界人士。正如席布魯克所寫：「他有種《荒野浪子》（*High Plains Drifter*）的味道，那種某天忽然出現在鎮上，把壞人趕走的神秘陌生人。他蓄著花白的鬍髭，一頭濃密的亂髮披散在後背上。」

不過真正的問題要來得更深入。它是政治及大眾如何看待是什麼構成對付壞行為的好方法。辛辛那提市長馬克・馬洛里（Mark Mallory）起初害怕甘迺迪的方法會被視為打擊犯罪不力。人們依照他們的懲罰直覺，要求更嚴厲的治安管理、更長的刑期，甚至是新監獄來安置這些犯罪者。這些都是一再嘗試使用的手段，但是阻擋不了謀殺率。找來社會科學家似乎是一種軟弱的手法，尤其當這位外界專家提供幫派分子生活輔導及就業諮詢。

這是重點問題。我們的直覺受到本身的恐懼及政治人物的推波助瀾，告訴我們打擊壞行為很簡單：只要態度更強悍，讓大家都知道就行了。甚至有證據顯示，懲罰是人類的生物本能。有一份神經學研究發現，我們的大腦偏好懲罰，在我們懲罰他人時，會啟動我們的多巴胺系統。因此，要打擊犯罪、企業詐欺，或是危險駕駛，我們的直覺告訴我們，我們需要的就是更多及更嚴厲的懲罰。這些情緒早已根深柢固。我們可以在全世界各大古老傳統中發現它們，包括希臘的古典思想家、現代化之前的中國，以及印度教、猶太教、基督教及伊斯蘭教的宗教聖書。在這些之中，我們發現相同的觀點：壞人只對痛苦有反應，懲罰是給予痛苦的理想方式，矯正壞行為。假如這類懲罰在大眾面前發生，大家都會害怕它，並且約束自己的行為。不過這種傳統思維沒有當代實證科學基礎，沒有明確證據顯示更嚴厲的懲罰具有嚇阻作用。

人們傾向於以他們對於是非的道德信念，去塑造他們認為處理錯誤行為的有效方式，這就是心理學家所謂的**道德統合**。這意味著人們把他們認為是道德正確的和什麼是真正有效的給搞混了。假如某些政策符合我的道德信念或直覺，那就一定有效。道德支持水刑，也就是某些美國情報官在伊拉克使用的「強化偵訊技巧」的人，不自覺地認為這種方法能有效產生可採取行動的情報，而實則不然。不幸的是，我們都容易受到影響，讓我們的偏好及直覺支配我們認為什麼才真的有效。這是人性的一部分。

問題在於，這一切破壞了老百姓及政治人物能如何使用科學。只要我們讓自己對於懲罰的直覺，壓倒什麼是有效科學證據的理性權衡，我們就會繼續支持那些就是行不通的政策，因此有時候把事情搞得更糟。

研究者大感沮喪，因為他們的研究結果無法塑造公共及刑事政策，尤其當美國看著它的監禁人口呈幾何級數地成長。他們的絕望幾乎到了顯而易見的地步。二〇一一年，犯罪學家法蘭西斯・庫倫及其同僚討論到忽視科學洞察力的高昂代價。「大規模監禁的時代取代了矯正，就算沒人確知把罪犯關在牢裡，是否會讓他們有更多或更少的再犯可能。」考慮到監禁代價的高風險，他們極力主張：「少了這類知識，無知會占上風，風險會提高，監獄政策會不必要地危害到社區安全，耗盡公庫，並且使犯罪者陷入犯罪的人生之中。」他們懇求當權者關心科學。我們不得不贊同。

這個不願面對的真相是，幾十年的科學研究並未發現更嚴厲的懲罰能嚇阻為非作歹、違規，或是暴力犯罪。在大部分的情況下，只有強烈懲罰的威脅是不夠的。我們看到沒有確實證據顯示長期監禁判決能阻止再犯，或者甚至是強烈懲罰能嚇阻他人犯法，無論是三振出局法、死刑，或是對企業採取更強烈的制裁。

懲罰的確定性是最重要的。這意味著與其把焦點放在給予較長刑期或較高罰款，我們應該專注在增加好的、合乎憲法以及社區導向的執法行動，以及未來犯罪者被逮捕及懲罰的機會。

此外，大部分的人甚至不知道被逮及受罰的可能性，或是懲罰的潛在嚴重性。執行法律還不夠。要一般嚇阻能起作用的話，人們必須了解犯罪者發生了什麼事。這意味著每當你懲罰犯法者時，你必須廣為宣傳。

從壞處想，更嚴厲的懲罰會適得其反。長期服刑使得人們沒有能力去過守法的生活。殘暴形態的懲罰，例如死刑或是在極度不安全的監獄中服刑數十年，可能只會造成更多殘暴的犯罪回應。更強烈的懲罰會使得人們訴諸甚至更暴力及極端的方式，以避免被逮。懲罰顯然會使得人們的行為表現得更惡劣。

懲罰反射根深柢固。身為保守派人士，我們可能要求強硬處理街頭犯罪，或許支持零容忍、三振出局法，或是死刑。而身為進步派分子，我們可能支持對汙染及詐欺公司及其執行長，施予更嚴厲的懲罰。不過這兩種方法都沒有科學的支持。因此我們不能肯定地說，更嚴厲的懲罰會減少街頭犯罪，或是防止下一次企業醜聞。我們都冒著風險，讓我們的道德信念凌駕於什麼才能真正防止壞行為的科學證據之上。

我們必須了解我們自己的直覺和偏見的所在。我們對於如何對付壞行為有哪些假定，以及我們有哪些證據來支持這些假定。我們每次得知新的科學證據，就算它顯示出明確懷疑，如這裡所述，我們必須察覺我們先前所做的假定，將會如何設法拒絕挑戰它們的見解。我們一旦這麼做，就會明白懲罰不是我們直覺相信的那種萬靈丹，我們沒有有效的搗蛋角落能對付所有的社會罪惡。幸運的是，懲罰只不過是許多減少壞行為的防禦做法之一。

Chapter

3

棍子、胡蘿蔔和大象

一九九五年冬天的一個早上，還不到七點，德州帕索鎮上的電話便響個不停。大家知道這只意味著一件事，學校又停課了。當人們走出戶外，他們看到了罪魁禍首：社區瀰漫著一片黑色霧霾。這個汙染來源不是他們自己的城鎮，甚至不在美國。它是從墨西哥的華瑞斯，一個擁有數百座小型磚窯散發出濃密黑煙的城市，飄越格蘭德河吹過來的。煙霧呈現黑色的原因是這些磚窯使用廢料燃料，像是二手木料、木屑、塑膠、糞肥、廢機油，甚至是舊車胎。

這並非新鮮事。在一九八〇年代末期，墨西哥官方當局便已經開始處理來自磚窯的汙染。起初，他們設法透過禁止汙染性燃料，強迫製磚者使用清潔丙烷，以便減少磚窯排放量。然而，這項完全禁令並不成功。磚窯在所謂的非正規地區營運，它們並未登記為正式事業，沒繳稅，是以逐日及低成本為基礎運作。因為有太多這種小型企業，人力不足的地方環保局一直無法執行固定的實地巡查，以便執行該項法規。而且因為磚窯經營者面對激烈的競爭，他們只能靠維持割喉式的低價來存活。即便如此，磚窯也難以收支平衡。經營者無法負擔額外的花費，燃燒更乾淨的燃料。而且正如各位所能想像，製磚是辛苦又痛苦的工作，為那些別無生路、最貧窮又最弱勢的人提供一份收入。

不過改變正在進行中，墨西哥個人健康與社區發展協會聯盟（Mexican Federation of Private Health and Community Development Associations，當地人簡稱為FEMAP）展開了華雷斯城製磚者計畫（Ciudad Juarez Brickmaker's Project）。他們並未採用以政府當局為主的傳統對抗性執法，而是尋求與磚廠經營者合作，鼓勵他們停止使用汙染性燃料，改採用丙烷。在一九九一到一九九四年間，這項計畫成功地讓許多製磚者進行轉換。

有一組因素的組合刺激這次的成功。一九八〇年代末期，選舉推動墨西哥政策把環境保護排在優先順序。美墨的NAFAT貿易協商帶來額外的壓力，讓墨西哥響應環保。這為FEMAP帶來了它所需要的力量，推動地方政府更認真對待環保議題，同時取得資金以支持這項計畫。FEMAP打造了一個大聯盟，成員包括製磚者、地方丙烷公司，以及市政府，攜手使用胡蘿蔔與棍子策略。地方政府擔任棍子的角色，開始投入執行廢料燃料的禁令，以便終結實際上已經存在的有罪不罰。他們徵募地方社區的協助，要求他們舉報當地磚窯汙染，並且對還在燃燒廢料燃料的磚窯提出投訴。製磚者擔任胡蘿蔔的角色，不僅能取得他們自己從來都買不起的免費丙烷設備，還能得到免費的技術支援，協助他們安裝新設備。

FEMAP能夠改變市場情況。所有主要的製磚者工會同意以每千塊磚二百五十披索的固定價格販售磚塊，而建設公司同意加入，以這個價格購買「乾淨的」磚塊。當墨西哥國營石油公司PEMEX開始補助丙烷，降低了接受汙染性燃料禁令的成本，更乾淨燃料的轉換進一步受到激勵。在一九九三年左右的高峰期，約有百分之六十的磚窯使用丙烷，這意味著華雷斯城及帕索附近的居民在一九九〇年代初期，能夠更輕鬆地呼吸了。

不幸的是，不久後一切便走下坡。到了一九九五年，情況和一九八〇年代一樣糟。有些製磚者暗中破壞價格協議，銷售由廢料燃料製造的較便宜磚塊。市政府鬆綁了汙染性燃料的禁令，開始允許磚窯燃燒鋸木屑，結束了強迫執行。建設公司不再理會舊有協議，也就是只買較貴不過更乾淨、以丙烷燒製的磚塊，因此最低價格不再得到保障了。最後在經濟自由化政策之下，丙烷補助結束了。結果廢料和丙烷燃料之間的成本差異，從一九九二年的百分之二十九提升到一九九五年的百分之一百六十二。不久後，只剩下一家製磚廠還在使用丙烷，這就是為什麼國界另一邊的帕索居民會在起床後得知，由於黑色霧霾籠罩他們的社區，學校停課了。

最初的成功及這次墨西哥嘗試減少汙染的早夭，訴說了一個重要的故事。它顯示針對減少破壞行為的法律禁令，在正確的誘因下能成功地改變行為。

製磚廠面臨一個抉擇。它們能選擇配合或違反禁令。兩種選擇都會帶來代價及利益。當製磚廠違反禁令，這表示它們必須支付廢料燃料的費用，加上冒著萬一被逮時挨罰，要繳納罰款的風險。在此同時，製磚廠也藉由設定比那些遵守規矩、販售乾淨磚塊的競爭對手更低的價格，因此得以降低成本，增加業績。

同樣的情況也適用在守法的這一方。守法的代價包括支付更高的價錢使用丙烷，減少他們能銷售的磚塊數量，因為使用廢料燃料的工廠販售較廉價的磚塊而帶來競爭。守法的好處是，他們銷售的每塊磚能得到較高的價格。假如製磚廠做出理性的選擇，他們會根據哪種做法具有最高的利益減去成本，決定要守法或違法。

在華雷斯城，守法的代價提高，因為丙烷補助結束了，而守法的好處下降，因為乾淨磚塊在市場的賣價過高。這時，違法的好處提高，因為市場對便宜的廢料磚塊需求提高了，而違法的代價下降，因為強制執行的可能性和廢料燃料的成本都下降了。總之，這是一場失敗的波動組合。

所以看來塑造人們對法律回應的行為密碼，是由無數的棍子與胡蘿蔔結合的誘因所構成。

侵權責任能保護我們的安全嗎？

二〇〇七年十二月，當時高人氣的部落格 Gawker（它的口號是「今天的八卦是明天的新聞」）發了一篇貼文，讓它付出慘痛的代價。那篇貼文的標題是：「彼得．提爾（Peter Thiel）是如假包換的同志，各位。」

由於讓知名創投家及 PayPal 共同創辦人提爾「公開出櫃」，Gawker 在無視好品味及隱私的方面忠於自我。但是最後使得 Gawker 破產的，不是這一則貼文的標題，甚至是它的內容。肇因是這篇貼文底下的發言，由 Gawker 的創辦人尼克・丹頓（Nick Denton）所寫的：「關於提爾的性向唯一奇怪的地方是，他幹嘛拗了那麼久，不想被人發現呢？」根據這個故事的一份堪比書籍長度的分析表示，這個短短的評論觸怒了彼得・提爾，因為它質疑他的精神狀態。

提爾如此憤怒，以至於他開始把 Gawker 稱為「MBTO」，意即「來自曼哈頓的恐怖分子組織（Manhattan-based terrorist organization）」。提爾想向 Gawker 宣戰，但是他也拿它沒辦法。Gawker 的貼文很沒品嗎？是的。違法嗎？並沒有。提爾發誓要讓 Gawker 關門大吉，而且身為富可敵國的創投家及企業家，他設立了一家空殼公司，資助其他曾遭受 Gawker 相同對待的人，協助他們去「告死」它。他只需要一個完美的原告。

這時浩克・侯根（Hulk Hogan）出現了，一個頭綁花頭巾，故意蓄著漂白馬蹄形鬍髭的前職業摔角明星，真正的名字是泰瑞・尤金・波雷亞（Terry Eugene Bollea）。侯根和電臺主持人，愛的海綿布巴（Bubba the Love Sponge）之妻，海瑟・克萊姆（Heather Clem）上床。布巴表面上鼓勵他的老婆和侯根上床，但是在侯根不知情、也沒經過他同意的情況下，暗地裡非法拍了一段三十分鐘的性愛錄影帶，然後放在他的書桌抽屜裡。一名對手DJ偷了這支錄影帶，把備份流出去，想拿到布巴的熱門時段。最後錄影帶落到了Gawker的手裡，把一段兩分鐘的片段放到它的網站上。

對Gawker來說，這證明是一個錯誤。侯根提告侵犯隱私權、侵害人身權利，以及故意施加精神痛苦，求償一億美元。在提爾的龐大訴訟資金支持下，侯根發現自己身陷一場複雜的法律戰爭，產生的法庭文件將高達二萬五千頁。侯根拒絕和解，案子上了法庭，結果裁決侯根獲得一億一千五百萬美元的賠償金，其中有超過一半是補償他的精神痛苦，另外二千五百萬是懲罰性損害補償。Gawker共同創辦人尼克．丹頓對彼得．提爾的二十一字評論，最後害他的公司損失一億四千萬美元。每個字大約六百六十萬美元的代價，肯定是網路上有史以來最貴的評論了。

Gawker—提爾—侯根事件是一起復仇及報應的故事。不過提爾及侯根用來向Gawker報仇的侵權責任系統，也就是管理人們如何必須為他們對他人造成的傷害付出代價的法律規則，重點不在報復。侵權行為法的主要作用是確保人們為了他們所受的傷害獲得賠償。因此，在這個案例中，它對侯根遭受的財務及情緒傷害做出賠償。我們當然能爭論他所受的苦是否值得一億一千五百萬美元的賠償。然而，對某些法律學者及許多經濟學者來說，侵權比光是修復甚至更具野心，他也應該要能協助防止未來的侵害行為。這也就是為什麼有些管轄權，像是侯根案發生的佛羅里達州，會有懲罰性損害賠償。這種損害不只具有賠償的作用，也能嚇阻做出損害的一方在未來做出傷害性行為，並且嚇阻他人做出類似的行為。就這個意義來說，侵權責任和刑罰並非完全不同。至少在理論上，法律讓我們負起造成損害的責任，以及我們必須負賠償金的事實，可能產生某種誘因，抑制我們做出造成傷害及危險的行為。別犯法，不是因為你可能被逮到，遭到刑事的處分，而是因為你可能被逮到，遭到**財務的**懲處。

在這一切之中，有個核心問題：侵權責任真的能減少損害行為嗎？

拿汽車保險來做為範例。人們買汽車保險是為了保護他們免於負全責。不過當他們造成車禍時，保險公司必須付得更多，因此公司自然對那些造成車禍的人提高保費。在某些司法管轄區會採取不同的系統，責任不再起作用了。在這種無過失系統，損害的受害者擁有保險的直接請求權，也就是說每位駕駛各自的保險公司要賠償他們的損失，無論過錯在哪一方。實際上，造成損害的駕駛不再需要負責。假如侵權責任是為了讓人們更謹慎行事，我們會預期無過失系統的改革會帶來更多車禍，以及交通相關的損害、受傷及死亡。

然而，許多研究評估這是否屬實，卻發現不幸的是結果不明確也不一致。有些研究發現無過失保險而減少責任，結果造成死亡車禍增加了百分之二到百分之十五。其他研究則發現無效。有兩份這種研究成果的探討同意研究結果並不確定。我們無法證實侵權在減少不安全的駕駛中是否有作用。

科學家也分析醫療錯誤的責任影響。當醫生或其他照護人員犯了錯，病人有權提出侵害告訴。這種醫療過失責任可能讓醫生更確實地診治。不過當醫療過錯的責任變得非常高，這可能導致負面效果。有些醫生可能會選擇離開高責任的管轄區，或是停止進行具有高風險的手術，因此醫療服務的來源可能會減少。有些醫生可能會要求額外但不必要的檢驗，為了確保他們不會被要求負起疏失的責任。有鑑於這些潛在的副作用，也因為有侵權改革的更大壓力，有些管轄機關已經降低醫療過錯的責任。有些設定經濟及懲罰性損害賠償的總罰金最高限度，有些具有限額的律師費用，有些在受害者對這種損害具有共同責任時，減輕原告的責任，還有些制定較短的訴訟時效，減少原告能提出損害訴訟的時間。

就像車禍的部分一樣，我們能評估減少責任是否會增加醫療過錯。假如侵權責任真的減少損害行為，我們會期待在出現較低責任時，由於醫療過錯造成的受傷及死亡應該會增加。不過證據也一樣不確定。有兩份針對過去一百項實證研究的重要探討發現，這個狀況也是模糊不清。在不同形態的醫療責任中，他們並未發現實證，證明減少責任會增加由於醫療過錯造成的受傷及死亡。相反地，研究擁有混合或截然不同的結果，而且有許多顯示沒有任何關聯。

最後，也有研究探討侵權責任是否有助於減少其他種類的企業傷害，包括不安全的產品、環境惡化，以及不安全的工作條件。一份針對這項研究的探討做出的結論，和我們在車禍及醫療過錯之中所看到的一樣：沒有實證顯示侵權行為有助於減少不當行為及損害性行為。

在企業高階主管責任的研究中，有些證據顯示侵權行為有助於防止傷害。研究發現，當高階主管面臨更高的責任，他們會做出風險較低的決定，像是重申公司的收益、支付過高費用給公司收購的法人團體，或是在還沒準備好就讓公司上市。然而這裡提出的是高度間接的證據，研究評估的是一般風險決定，不是會直接造成傷害的真正決定。

有份研究想了解當組織機構，尤其是警局和醫院遭到損害告訴時，學到了什麼。這份研究主張，理論上，訴訟會導致組織改進它們的內部運作，防止未來出現類似的損害。醫院確實從侵權訴訟中學習，並且蒐集他們能運用的資訊，以便改進他們的運作，而警局卻很少採用這樣的做法。因此，很有可能是侵權行為只能刺激比較好反省的組織，不過這項研究的結論是，當誘因與這麼做的內在容量就定位時，才會有這種結果，而實際情況並非總是如此。

有些研究檢視侵權責任的保險效果，這個想法是，提供侵權損害保障的保險公司有一種風險，就是確保他們保障的人們或組織機構，不會犯下引起責任的損害行為。有一份研究發現了一些跡象，顯示侵權行為的保險業者扮演正向的角色，包括要求警局採用政策，減少高風險活動的損害，例如高速追車以及武力的使用。保險業者也促使一些警局採用隨身攝影機。然而同樣這份研究表達懷疑，不知道採用這種方式是否真的減少警方的不當行為，這個問題在研究中並未進行實證討論。也就是說，只有政策或許無法直接轉化為改變行為。

因此，總的來說，許多形態的責任，包括醫療過失、車禍、環境損害、產品安全，以及工作者的安全，並沒有實證顯示侵權責任具有抑制因素的作用，阻止人們做出損害或危險行為。雖然有部分證據顯示，組織可能從侵權責任之中學習，責任保險業者可能嘗試刺激客戶採取風險較低的行為，沒有明確數據顯示這些真的會減少損害。看似非常明顯的抑制因素，其實不盡然那麼明顯。

侵權在達到嚇阻效果方面，可能和犯罪懲罰有著相同的問題。侵權要達到嚇阻效果，必須要無法避免，然而達到被控訴的高確定性，以及必須付出真正的損害，實屬不易。這意味著對每種損害的形態來說，一定有願意並且能成功提出損害賠償訴訟的原告。比起車禍、醫療錯誤、環境汙染、不安全商品，或是危險工作條件的受害者，股東更有能力這麼做。其他人都會需要他們自己的彼得・提爾。

要讓侵權發揮嚇阻作用，這同時意味著，對每種形態的侵權來說，可能造成損害的人應該要知道他們面對的責任。這比較像是公司高階主管，每天都能得到法律建議，比起大部分醫生或駕駛人，舉例來說，消息更靈通。我們在本書稍後會討論到，大多數人的法律知識非常有限，而這些人的範圍從非專家到專家都有。

沒有證據顯示法律較溫和的責任棍子能有效防止傷害。就像犯罪懲罰一樣，這意味著我們不能假設，單純建立較強大的責任會減少損害行為。對於行為的科學洞察力能在為了侵權改革的高風險政治戰役，提供現實查核。一方是企業、他們的律師，以及他們尋求減少責任，降低侵權訴訟機會的遊說者。這些企業主張有太多傷害生意的瑣碎訴訟。另一方是原告律師，堅持要有這種改革。他們主張要防止及減少企業**造成**的損害，侵權行為是必須的。雙方都有政治遊說及財務支援做為武器，企業通常有保守派人士提供金援，而原告律師有進步派人士的資金資助。

由於關於侵權的辯論已經變得如此政治化，也涉及這麼多資金，每一方都能輕易地獲得出色的科學研究結果，並且善加利用。企業可以提出這些見解來要求更多改革，主張侵權不能做為嚇阻的手段。不過這是對科學的錯誤理解。經驗數據並未明確顯示侵權嚇阻損害性行為。至於更嚴厲的侵權責任是否能達到嚇阻，目前的科學狀態並沒有定論。在這裡重要的是，就像我們在上一章看到關於犯罪懲罰的部分，藉由加入科學研究，我們開始以不同的方式思考侵權。我們不該再假設更嚴厲的侵權能嚇阻損害性行為。對於我們考慮制定新侵權責任或改變它的每個案例，我們必須思考侵權行為可能如何影響行為。對於侵權來說，很有可能的是確定性比嚴重性更重要，就像在懲罰方面的情況一樣。因此，侵權系統應該是關於確保賠償損害變得必可避免，而不是把焦點放在需要賠償的損害規模。這意味著我們必須把焦點重新放在目前的系統，讓原告有更容易的管道，針對實際發生且無須給付懲罰性損害賠償的損害去提起訴訟。

獎勵好行爲

當棍子失敗，或許是該拿出胡蘿蔔的時候了。這個念頭非常吸引人。假如我們能以正向誘因來改進行為，我們就比較不用依賴懲罰的固有傷害，或者甚至是責任的代價。要是我們以獎勵來讓人們守規矩呢？

在某個社會實驗使用胡蘿蔔取代棍子時，加州里奇蒙市讓自己大大出名了。這座小城市位於舊金山區東灣，謀殺案率高居全美之冠，每十萬名居民之中，每年有四十六起謀殺案，比芝加哥多出三倍。因為有這種驚人的統計數據，在二〇一〇年，該市的社區安全處邀請了二十五位年輕人，前往市政府參加一場聚會。這些人每一位都是精挑細選出來的，因為這些人要為市內百分之七十的槍枝犯罪負責。

年輕人受邀參加會議，感到憂心忡忡。他們先前和當局及政府官員的碰面並不包括坐在會議室裡，有人供應午餐，每個人的座位還有一面刻著自己名字的名牌。社區安全處的主任迪馮恩．波根（DeVone Boggan）對這些年輕人說，他衷心感到抱歉，市政府先前沒人和他們聯絡過。他告訴他們，市內的和平要「透過他們達成」，假如他們帶來和平，這座城市會支持他們。當這群人即將離開，波根給了每個人一只信封，裡面裝了一千美元現金。

不久後，這個世界得知了和平使者團隊活動。在這項計畫中，市政府開始提供每月一千美元現金津貼，給那些高危險的暴力年輕犯罪者，朝「人生目標」努力前進。這些遭到判刑的年輕犯罪者可以拿到更多的錢，假如他們能找到更好的住所、不再濫用藥物、考取駕照，或是繳清罰單。

這是對付壞行為的截然不同手法。與其使用刑事司法系統來施予懲罰，威脅他們服從，里奇蒙試圖獎勵好行為，而且成功了。這項計畫實施七年以來，市內的兇殺案率下降了百分之五十。這實在令人不知該如何解釋，因為在鄰近的城市，例如奧克蘭，這些地區的整體社會經濟改變只減少了些許的犯罪率。

這項計畫只是仰賴現金獎勵。它的成功也出自提供許多參與者他們從未有過的照顧和關切，讓他們看到在他們成長的暴力氾濫的地方之外，有哪些正向的可能性。這包括帶那些表現得好的參與者參加夢寐以求的旅行，離開里奇蒙，前往像是華盛頓首府、迪士尼樂園，還有南非。這項計畫在減少暴力的主要方法是獎勵並促進好行為。它激勵做對的事，沒有棍子的威脅，也沒有警方的介入，而最後的那個方面十分重要。正如一名參與者向一位《紐約時報》記者說明：「當我知道他們不是警方，這時他們才贏得我的信任。我不能跟你講一些我幹過的事，透露這個跟那個，而你的身分是警察。這樣子行不通。」

和平使者團隊活動展現了一個極端的版本，顯示用胡蘿蔔方法來強化較好的行為，減少犯法行為，不過正向誘因也能以許多不同的程度，用在許多環境之中。舉例來說，想想看老師如何使用小獎勵來讓學生守規矩。美國有數千所學校使用某種所謂的**正向行為激勵系統**。說到底，這就是孩子有了好的行為就給獎勵，有壞行為就把獎勵拿走。當孩子們交了功課，他們會拿到一顆金星。假如他們幫助同學，他們可能會得到另一顆金星。不過萬一他們在班上不乖，就會少掉一顆星。這是簡單的行為密碼。

這些行為激勵系統的確有兩個明顯的優點。首先，它們減少不當行為。研究顯示孩子們，尤其是年紀較小的孩子們，如果使用獎勵的話，表現會比較好。其次，這套系統經常花不了多少錢。給孩子一張貼紙要多少時間？一包五百張的貼紙會花到多少錢？

除了這些好處，研究開始顯示出，在學校使用獎勵來激勵較好的行為，會有哪些壞處。外在獎勵，像是金錢和獎品，會減少內在動機，妨礙自主發展及獨立，破壞兒童對自我規範的責任感。問題是兒童會學到去滿足那個握有權力給他們獎勵的人。與其只是為了對同學好而對他們好，我對同學好是因為我想要那張貼紙。

假如運用得當，外在誘因能促進自我規範及內在動機。關鍵是把焦點放在**行為**上，而不光是**誘因**。給貼紙並且說聲「好棒棒」是一回事，如果也能說明**為什麼**能得到貼紙，那會好得多。假如我們把誘因結合設定目標及灌輸為何行為很重要的深入了解，我們或許能為孩子帶來內在動機及較好的行為。重要的是，這對成人來說也有用。

對於誘因如何影響成人行為的實證研究，有幾個派別。大部分的研究探討誘因是否能刺激更多的利社會行為，例如合作及投票，以及環保行為，例如回收以及減少不必要的旅行。關於誘因如何促進守法的實證研究就少得多了，我們有的最佳及最全面的研究是在納稅方面。

稅務機關及研究者合作，要看正向誘因是否能激勵人們在報稅時更誠實。稅務機關使用兩種誘因：提供更高的好處（例如社會保障）給申報較高收入的人，以及提供獎勵給被發現誠實申報納稅的人。許多研究使用在社會科學實驗室的實驗，要看獎勵對納稅有什麼作用。這些實驗讓參與者玩一個能拿到現金獎勵的遊戲，然後要求他們報告他們的收益，即使他們必須根據這些所得來繳稅。在大部分的研究中會進行隨機審查。被發現未誠實申報收入的參與者，這時必須繳納罰款。這個想法是要讓它盡可能真實。

這些研究發現，正向誘因確實會增加整體的守法納稅，無論是套用在個人或團體時。然而，守法納稅的獎勵效果並不明確。有一份標題為《快樂徵稅》的報告描述一場實驗室實驗發現了，比方說，一個重大的性別差異：女性在有望收取獎勵時會比較守法，而男性則不然。在瑞士的一場實驗發現，對承諾準時納稅的人提供獎勵的話，他們會變得比較守法，不過只有在非金錢的獎勵時，像是贏得一趟免費的週末養生水療之旅。

也有研究是關於提供人們獎勵，是否有助於減少搭乘大眾運輸時逃票。在義大利亞得里亞海岸的里米尼是熱門的海灘旅遊勝地，乘客經常搭乘當地公車卻不付錢。他們應該在上車前買票，公車上也有自動售票機，你一上車就能買票。公車公司試圖依賴查票員隨機檢查，他們可以開出六十五歐元的罰款，但是這無法阻止這個問題。不遵守規定和逃票的情況十分猖獗，因此公司向研究者尋求協助。

學者就是這樣設置這項研究。在當地的公車公司營運的二百九十九輛公車中，他們在其中五十四輛張貼海報，告知在車上的售票機買票的乘客有機會贏得五百歐元的樂透。然後他們比較「樂透公車」是否比一般公車賣出更多的票。他們發現獎勵的效果好得不得了。樂透公車的車票銷售增加了百分之三十。這表示逃票情況必定大幅減少。這麼做值得嗎？算是吧。就一方面來說，樂透獎金的支出多過公車公司從車票銷售增加所獲得的收益，然而他們最後賺到錢，因為有太多中獎得主沒有去領獎。

正向誘因也能在遵守環保規範之中扮演一個角色。記得華雷茲城的製磚業者嗎？有一系列的研究分析在鼓勵遵守燃燒汙染的廢料燃料禁令時，丙烷補助所扮演的角色。正如我們所見，補助促進了遵守規則。不過當補助結束時，成效蒸發了，製磚業者立刻回到燃燒遭到禁止的汙染燃料。這顯示了即使當獎勵起作用，效果可能無法持續，因為或許難以無限期地給予獎勵。

然而，補助的證據並不明確。拿補助在讓美國貨車運輸業減少柴油排放之中所扮演的角色來說，法律並未要求貨車運輸公司替換較老舊的汙染貨車，不過它想要鼓勵那些公司自願超越現有的法律標準，而且它幫助他們購買較乾淨的全新貨車。根據某項研究的計算結果顯示，補助的多寡遠勝過替換貨車所需的全部投資。舉例來說，德州對這類補助僅列了五千七百萬美元的預算，而為了能起作用，它會需要花費約十七億美元，替換全部三十八萬輛較老舊的貨車。因此，研究顯示在改進行為的獎勵方面，有一項重大障礙：它們必須大到足以起作用，而這可能無法總是如願。

整體來說，就改善服從及減少損害性行為的正向誘因效果，可用的實證證據並不明確。我們看到有證據顯示正向獎勵可行。然而，我們也看到獎勵可能適得其反，有時候它們並不符合成本效益，而在其他時候，它們無法維持或令人負擔不起。

有一個潛在的缺點。獎勵好的行為，可能會破壞通常已讓我們大多數人行為得當的內在動機。藉由增加獎勵，人們遵守規矩的內在動機可能會被外在誘因「排擠」。甚至可能會有一種「過度辯護效應」，獎勵提供一種已經做出那種行為的人所不需要的辯護。當然了，某些一般心理學研究顯示，外在誘因，包括獎勵，可能在無形中破壞內在動機。研究已經顯示在一般類型行為的排擠作用，例如人們在合作、採取健康生活形態，以及通常採取利社會方式行動的意願。然而，一項針對這類研究成果的近期探討發現，外在誘因會排擠內在動機，但是整體證據依然不明確，在實驗室環境之外的研究結果，提供不明確又有限的研究結果。

當棍子失敗了，胡蘿蔔或許能改進行為，不過這種方法可能有其限制及風險。整體來說，我們看到我們的法律用來改進行為的誘因，無論是以懲罰、責任或獎勵的形態，並非總是具有預期效果，而且可能讓事情變得更糟。不幸的是，要預測誘因可能會有什麼效果並不容易。要知道責任和獎勵會如何改進行為，需要實證分析。不過問題是，許多創立法律規則的人並未進行或閱讀這種分析。他們仰賴的反而是他們認為誘因會有的效果，而且他們的假設很可能有誤。

認知及理性選擇

麗莎・舒（Lisa Shu）在倫敦商業學院教書，她給了學生一些簡單的謎題去作答。他們每次正確解開一道謎題之後告訴她，她就會給他們錢。重要的是，他們知道沒有人會檢查他們的答案，所以他們很清楚自己可以撒謊，從這場實驗中弄到更多錢。毫不令人意外地，這些商學院的學生有很多人都作弊。

這時舒要她的另一群學生在設法解題**之前**，簽署誠實宣言。他們只是保證要誠實，其他什麼都沒更動。作弊的風險沒變，被逮的可能性也一樣，學生依然可以拿到真正的錢。然而，她發現她的學生如果簽下誠實宣言，作弊的人就少很多。

這些是值得注意的研究結果。一份簡單的宣言能讓我們更誠實的概念，具有龐大的含意。因此舒和她的同事試圖把這個看法應用到真實世界的守法問題。他們發現各種類型及例子，我們要簽名保證我們正確且誠實地填完表格，像是我們的報稅單或保險表格。唯一的問題是，在這些真實世界的表格中，人們在填完表格**之後**才簽名。我們這麼做，因為我們需要證明我們填寫的內容是實話，全部實話，而且只有實話。

想一下這件事吧。假如我們已經填完表格，在表格底下簽名無法在我們填寫表格時，影響我們的行為。舒和她的同事想出一個簡單卻聰明的主意：假如我們讓大家在表格的最上方，而不是底下簽名，會發生什麼情況呢？

他們想在我們都會簽名的普通表格，測試這些想法，所以他們想到了保險表格。他們認為要說服保險公司並不難，讓他們測試改變表格上簽名的位置，是否會減少不實報告，從而減少保險詐欺。他們對這些公司提出的要求並不過分，移動簽名欄既便宜又簡單。假如這種介入有效，那些公司對於他們所保障的風險，會收到更誠實的資訊。因此減少保險詐欺，把他們的風險降到最低。這似乎是一個簡單的雙贏情況。

然而出乎他們的意料，保險公司並不熱中。公司律師先是說，在底下簽名扮演了重要的角色，不能移到上面去。保險業者需要簽名來證明，投保者提供了真實的資訊。因此舒和她的同事改變了策略。基於從那些公司得到的消極反應，他們設法制定一份有兩個簽名欄位的表格，一個在最上方，一個在底下。研究者把他們的欄位放在最上方，保險公司把他們的欄位放在最底下。這樣應該皆大歡喜了。

不過保險公司的律師依然不想這麼做。律師認為兩個欄位太蠢了。他們主張這樣很累贅，會惹惱他們的客戶。經過了長時間的辛苦搜尋，舒和她的同事終於能說服一家公司，容許他們在一份小保單進行他們的研究。

在接下來的實地實驗中，他們研究一種常見的汽車保險類型，也就是公司要他們的員工在每年年終時，提報他們的總里程數。當他們移動簽名欄位，他們發現了驚人的情況。平均來說，在表格最上方簽名的人提報的里程數，會遠低於在表格最下方簽名的人，兩者的差異超過百分之十。在最上方簽名的人顯然比在下方的簽名者要誠實許多。

這場實地實驗顯示得相當清楚，只改動簽名的位置可以大量減少不誠實的申報。而且這不需要額外花費，不用加強監視，也不需要更嚴厲的執行。

舒的研究結果具有重大的意義。想想看一個擁有五十名員工的機關，以每英里零點五七美元的費率，提出汽車差旅費報銷。事實上，這就是許多大學報銷學生及教職員參加會議旅行的方法。假設舒和她的同事發現的不誠實率也應用在這裡，要大家在里程申報表的最上方而非最下面簽名，這會替一個五十人的系所每年省下約六千九百美元。當然了，有許多遠超出保單的應用方式。想想看我們目前如何申報我們的稅務。

在上方簽名為何奏效？只是移動人們應該簽名的地方這麼簡單的事，怎麼會讓他們變得更誠實？舒及其同僚主張，這裡發生的情況相當微妙。透過先簽名，我們暗示性地把注意力集中在自己的身上。而藉由這種放在自己身上的注意力，我們對自己即將要做的事變得更誠實了。一旦簽下自己的名字，我們提供的資訊就變成我們的人格及我們如何看待自己的反射。

這項研究的核心見解是，人們不只對誘因做出回應。在保單先簽名的那些人和在最底下簽名的人擁有完全相同的誘因。然而表現的行為非常不同。這份研究清楚顯示，人類做決定並非總是追隨誘因。行為並非總是有意識及理性的選擇後果。

在這裡重要的是人類的認知。人類大腦處理資訊的方式，讓我們以非預期的方式做出回應，違反理性且蓄意的誘因之中，一般成本效益類型的設計。想了解我們的大腦如何運作，來試試解決一個簡單的數學題吧。閱讀下列三點敘述，並且立刻說出內心浮現的答案：

一、一條長褲和一雙襪子一共是一百一十美元。

二、褲子比襪子貴一百美元。

三、這雙襪子多少錢？

許多人立刻認為襪子一定是十美元。但是假如我們真正進行計算，我們會發現自己錯了。長褲要比襪子貴一百美元，因此假如襪子是十美元，長褲一定要一百一十美元。但是這樣總價會來到一百二十美元，所以這顯然是錯的。

正確答案是這雙襪子五美元，然後長褲是一百零五美元。當我們把這些都加起來，得到的總數是一百一十美元。這個例子是改編自諾貝爾獎得主丹尼爾．康納曼（Daniel Kahneman）的著作《快思慢想》，結果顯示我們的大腦如何欺騙我們。康納曼概述認知科學的最近發展，說明我們的思考不如我們希望的那麼有系統及理性。他告訴我們，大腦有兩套系統。第一套系統是快速的，直覺又自動。我們在快速的日常決定會用到它。但是因為如此快速，它非常容易出錯。第二套系統正好相反，要慢上許多，而且更刻意，還要求更多的努力。

我們立刻回答襪子十美元的那些人，使用了第一套系統。我們快速又直覺地思考。這聽起來不錯，感覺也正確，因此我們就採用了它。相反地，那些得出五美元答案的人，很可能是使用第二套系統。他們更努力去緩慢及刻意地計算出正確解答。

第一套系統的功能大多是無意識的。當我們使用第一套系統，我們經常跳到結論。而且我們經常沒有意識到，第一套系統已經接管了我們的決策，阻礙較緩慢又刻意的第二套系統來協助引導我們的行為。

假如你還是不信服，我們來玩另一個遊戲。以下是某段內容的摘錄。你的任務是，在以下的文字中，計算你看到字母F出現的次數：

FINIS HED FILES ARE THE RE-
SULT OF YEARS OF SCIENTI-

FIC STUDY COMBINED WITH
THE EXPERIENCE OF YEARS.

所以你算出有幾次呢？三次？再算一遍，這次更認真一點。還是三次嗎？別擔心。大部分的人只找出三次。找到四次的人很少。然而這依然不正確。F在這裡其實出現了六次。再算一次，看你是否能找出來。

假如你被惹火了，別怪我們，要怪你的第一套系統。我們大部分的人無法找出所有的F，是因為我們的大腦自動跳過 of 這個字，沒算到那三個F。我們太常也太習慣看到那個字，以至於我們可能不會去注意，即使在我們刻意設法減緩速度，使用我們的第二套系統時。

心理學家強納森・海特（Jonathan Haidt）使用騎象人的隱喻，協助描繪出我們如何思考。第一套系統是大象，它跟隨直覺及自動的無意識認知，它跟隨它的本能。就另一方面來說，我們的第二套系統是騎象人。它使用有意識的認知，能引導大象。問題是對於我們的許多行為及決定來說，我們的直覺及自動認知，也就是我們的大象，掌管控制。

要了解人類的決策制定，從而了解行為，我們必須說明這兩種認知過程的運作。身為人類，我們可能非常聰明，而且一般來說相當理性，但是我們比較常透過直覺來對許多決定和行為做出回應。我們經常從未有意識地分析在我們眼前的數據。我們的大腦很懶惰，只有面對複雜的情況，才會去改變需要努力的認知，而在其他的時候都仰賴大象模式。我們喜歡又快又簡單。

我們的大腦會如此運作，有一個重要的原因。假如我們都是審慎、理性，以及緩慢地做出所有的決定，而且假如我們總是依賴第二套系統，我們就會無法運作了。想想駕駛的部分。在學開車時，我們顯然使用第二套系統。我們找出煞車、油門、後照鏡及方向燈的位置，而且開手排車的話，還要找到離合器和排檔桿。在換檔時，我們慢慢地踩油門，小心謹慎，清楚察覺，檢查來往車輛、交通號誌，以及我們的車速。等到第一堂課結束時，大部分的人都累壞了。不過快轉到一年後，大多數人在開車時，都不再察覺自己在做什麼了。他們能進行交談、聽音樂，而且連續開好幾小時。到了這時候，他們已經能轉換到第一套系統，允許自己輕鬆進行複雜的任務，不帶太多有意識的思考。

對於法律及行為來說，這具有莫大的含意。當法律想透過誘因影響人類的行為，它假設人們會理性考慮這些誘因。法律假設人們在決定是否要犯法時，會考慮我們提供的誘因及不利誘因。法律大多是對騎象人說話，而不是大象。

然而，認知科學教導我們，大部分的時候，人們會遵循他們容易犯錯的自動直覺。假如法律想改進我們的行為，它必須學會要如何對那隻住在我們大腦裡，指揮我們的許多行動，自動又容易犯錯的大象說話。最近，學者試圖了解認知如何影響人類對法律誘因的回應方式。這裡的大部分研究把重點放在自動認知的偏見及捷徑，如何影響人們對負面誘因的回應方式，最明顯的是認知如何影響嚇阻。

正如我們在上一章所見，嚇阻是基於人們對於可能被逮及受罰，以及懲罰嚴重性的感知。稍早的經濟模型假設，嚇阻是基於對於可能性的理性及審慎思考。然而，丹尼爾．康納曼和他的長期合作者阿莫斯．特維斯基（Amos Tversky）的研究，從根本改變了我們對人類在決策制定認知的了解。他們證明人類對於統計，從而到可能性的直覺，很容易產生瑕疵。透過一系列的研究，他們證明了有幾種核心過程發揮作用，影響人們過度評價或低估可能性的方式。他們把這種過程叫做**經驗法則**，意指人們的大腦抄捷徑去應付複雜的資訊。

有個好的例子是「可得性捷思法」。在一篇標題為〈評估風險〉的報告中，奧勒岡大學心理學家保羅．斯洛維克（Paul Slovic）及同僚想了解人們如何預測不確定的事件。他們感興趣的是，我們的認知如何塑造我們做預測的方式。比方說，他們問受測者，以下的哪一種事件造成美國最多的死亡人數：颶風、中風；車禍、閃電、肉毒桿菌中毒，以及糖尿病。看看你怎麼想。試著將它們從造成最多人死亡到造成最少人死亡的事件，依序排列。你認為車禍造成的死亡人數多過於中風嗎？假如你這麼想的話，抱歉囉，這是錯的。但是你並不孤單，大約有百分之八十的人犯了相同的錯誤。事實上，中風奪走的人命是所有車禍加總的兩倍。那麼車禍和糖尿病相比呢？人們通常認為車禍致死的機率是糖尿病的三百倍。然而實際上，糖尿病奪走的性命比車禍多出四倍。最後，那麼颶風的致死率和氣喘相比呢？大多數人認為氣喘致死比較少見，不過氣喘奪走的性命比颶風多出了二十倍。

這項研究裡的人們搞錯了，因為他們的心思依循一條捷徑，經驗法則。在評估這些可能性時，人們依賴在思緒裡冒出或立刻浮上心頭的例子。這出自許多不同的來源，媒體是其中之一。六點新聞比較可能報導不尋常的事件，像是車禍死亡及颶風，而不是報導那些平凡的事件，例如罹患中風、糖尿病及氣喘等疾病而身亡。由於這類報導，我們更常接觸到不尋常的死亡案例。因此，當我們試圖快速想到哪種更常見時，我們仰賴可得性捷思法。我們的大象接管掌控，於是我們得到錯誤的結論。

最近，犯罪學家評估這種可得性捷思法，是否對犯罪決策制定產生影響。尤其是，他們有興趣檢視這種經驗法則是否影響人們會有多相信自己犯法會被逮及受罰。為了測試這點，他們進行一項實驗，在這場研究中的一半參與者被問到，他們是否認識某人曾經因為犯法而受到懲罰，另外一半則被問到，他們是否認識某人犯了法卻沒被逮到。研究者預期，已經預知某人受到懲罰的人，自己也會提出較高的懲罰可能性。根據可得性捷思法，這就是他們應該得到的結果。

然而，這項研究並未發現這兩組人之間的預期差異。這並不是說，可得性捷思在犯罪的決策制定中沒有作用。假如懲罰比較顯著，比方說，因為有名人為了某種罪名才剛受到懲罰，這或許會影響人們如何看待懲罰的整體可能性，雖然像這樣的單一案例並不會影響到被逮及受罰的整體機會。這裡的困難點在於找出對的研究設計。這可能是因為使用一個簡單的問題，詢問人們是否認識任何受罰或逃過懲罰的人，並不是一個測量可得性捷思法的有效方式。

另一派的探究探討康納曼稱之為「情意捷思」的部分。他這麼說的意思是，人們拿比較簡單的情緒問題來取代困難的認知問題。所以，當人們應該衡量複雜的可能性時，他們可能反而自問，他們對A或B選項的感覺如何，或是他們比較喜歡其中的哪一個。當這種情況發生時，人們來自第一套系統的情感及情意，形成並且甚至妨礙他們理性及合乎邏輯的認知。這種情感可能影響人們感知制裁風險的方式，從而影響了他們的行為所帶來的制裁效果。

在某份研究中，荷蘭心理學家尚路易・吉爾得（Jean Louis van Gelder）及瑞努特・威萊斯（Reinout de Vries）給參與者看短篇情境，描述許多人可能從事的微型犯罪行為。比方說，像是下載盜版軟體，或者要求保險賠償可能沒有被偷的物品。參與者必須想像自己處在一種必須從事這些行為的情境。他們被問及他們是否會做這些事，然後被問到假如去做這些事，他們有多少可能會被逮到及受罰。研究者在情感上促發某些參與者，讓他們做一些和情感有關的字謎。然後他們拿受到情感促發的參與者如何決定從事犯罪活動，和並未受到情感促發的控制組來做比較。

他們發現，害怕懲罰對情感促發組的影響，遠不及它對控制組的影響。對於前一組的參與者來說，他們決定是否要從事犯罪行為的重點是，他們對於犯罪做何感受。這份研究顯示，單純刺激人們多想到情感，甚至沒有讓他們更情緒化，會使得他們比較不直接回應懲罰的潛在嚇阻效果。

另一份由犯罪學家貴格．波加爾斯基及同僚所做的研究，希望能了解一個不同的面向，也就是情感如何影響人們的制裁知覺。他們檢視人們對於開車時傳簡訊的感覺，如何影響他們評估被逮及受罰的可能性。研究參與者分成三個組別。一組讀取負面簡訊（「一份新研究顯示，開車時傳簡訊是青少年的主要死因」），一組讀取正面簡訊（「固定互傳簡訊的伴侶不會分手」），還有一組讀取無關緊要的中性簡訊。然後研究比較參與者如何評估在開車時傳簡訊，遭到警方攔下的機會。研究發現收到負面情緒簡訊的參與者更可能看到懲罰的較高風險。

應用心理學對於認知的見解來理解人們如何回應犯罪懲罰，是相當新穎的方法。因為研究還在進行中，無法提供穩健的，或者甚至一致的了解，究竟哪種類型的偏誤及經驗法則影響人們看待制裁的可能性，以及他們如何做出決定的方式。不過可用的研究確實顯示，人們對法律誘因的回應不是在全然理性及審慎的方式下發生。很有可能的是，相同的經驗法則及偏誤也影響人們如何回應侵權責任及獎勵。

因此壞消息是，法律誘因是為了第二套系統中，騎士的審慎及理性認知所設計，對於第一套系統的大象也在起作用的地方，也就是我們的大腦裡的實際狀況，無法發揮太大的效果。好消息是，有方法能汲取第一套系統的優點，設計在那裡也能奏效的誘因。一個最佳的例子是，稅務機關如何使用由特維斯基及康納曼闡述的另一個觀點：展望理論。

想像你有兩種選擇。你比較想要接受哪一個：八十美元，或是一張有百分之八十的機會贏得一百美元，百分之二十的機會贏得十美元的樂透彩券？

大部分的人偏好直接拿八十美元。

現在考慮關於損失的下一個問題。你會情願損失八十美元，或是冒著有百分之八十損失一百美元的風險？在這項抉擇中，大多數人偏好冒著八成損失一百美元的風險。他們把希望放在那百分之二十的機會，不會遇上任何的損失。這個例子告訴我們，我們在是否有望贏錢或輸錢的方面，具有不同的偏好。

康納曼及特維斯基使用類似的案例，說明他們稱之為展望理論的內容。他們的實驗研究引導他們質疑傳統經濟學中的信念：價值是客觀的。那支新iPhone價值一千美元，而一千美元就是一千美元。康納曼及特維斯基卻顯示，價值是主觀的。這因人而異，每種情況也有所不同。一千美元的價值對億萬富翁和普通人來說不一樣。對一般人來說，一百美元和二百美元之間的差異，感覺似乎比九百美元和一千美元的差異要大得多，即便兩者的差異都是區區的一百美元。

然而，重要的是，正如我們看到我們對上述題目的不同答案，我們對損失和收益並沒有分配相同的比重。我們有一種東西叫做**損失規避**，這個觀念是，我們害怕損失，多過於我們希望獲利。損失一百美元的痛苦對我們的影響，更甚於贏得一百美元。在這種損失規避之下，我們更可能冒較大的風險去避開損失。

康納曼及特維斯基把這件事歸咎於我們的第一套系統思考。我們並沒有讓大象騎士去做實質的計算，找出在每種選擇中，哪一種可以帶給我們最大的財務收益。我們的大象接管掌控，置入主觀及不理性的分析。

展望理論對法律及行為具有重大的含意。拿稅務法來打比方。假如你發現國稅局欠你錢，你會做何感受？我們猜想你會覺得很開心。而且我們猜你會很快完成文件，繼續去忙你的。不過萬一你發現你欠國稅局錢，我們猜想你會再次檢查，或者甚至三度檢查，看你是否能做什麼來減少你欠的金額。損失金錢的展望可能讓人們捏造數目，即便只有一點點。

根據展望理論，我們因此更可能遵守稅務法，假如稅務機關刻意徵收高額的自動扣繳，在我們拿到薪資之前就從中直接扣除，也就是所謂的預扣稅。當我們已經繳納預扣稅額，報稅變成是把錢拿回來。因此這時報稅成為一種收益：我們申報得越完整，拿回來的就越多。如果沒有預先繳納太多的稅，我們的申報就在於防止繳錢，我們申報得越完整，我們就有望損失得較少。根據展望理論，當人們有望得到一些什麼時，和在他們有可能損失的情況相較之下，他們比較不會冒險，也比較不可能欺騙。

行為經濟學家及心理學家確實發現，應用展望理論可以協助減少逃漏稅。舉例來說，有一項研究證實，可能損失金錢的納稅人（因為他們還欠稅）在報稅時，比較可能冒險。差異很明顯：那些人之中有百分之六十五具有損失感知，他們願意冒險，而只有百分之二十五的人具有收益感知。有一項研究在比利時、英國、荷蘭、西班牙、瑞典和美國進行，研究結果非常明顯：「不遵守規定比較可能發生，發生在更多場合，以及在面臨額外納稅可能性的主題方面，涉及較大的金額。」一項近期研究探討瑞典三百六十萬名納稅人的實際納稅數據時，證實有望損失金錢（因為欠稅的關係）的納稅人有百分之五十的機會更可能申報減免，也請領更多的退稅。這份報告的結論為，「假如將預收稅額標準化，大部分的納稅人會收到退稅的話，守規矩的行為會增加，審核成本會減少。」

假如我們學著跟大象說話，我們很可能學會設立更有效的法律誘因。

一家英國大學的自助餐廳有個問題：學生用餐後不自行清理。他們吃完後，把餐盤隨處留在餐廳裡。所以一群研究者想出了一個聰明的解決方法。他們在餐廳的牆上貼了海報，上面畫著一雙眼睛。他們發現當餐廳展示眼睛而不是花朵時，學生在餐後自己收拾清理的可能性變成兩倍。

這種簡單的介入改變了行為。研究者不需要威脅學生，也不需要張貼標語，請求他們遵守規則。事實上，當他們在海報上添加標語，直接請學生把餐盤放在回收臺時，這則標語並未增加任何效果。具有效果的不是標語，是那雙眼睛。

根據研究者指出，眼睛讓學生感覺到其他人正在觀看，監視他們的行為。當然了，它們不是餐廳真正的警衛，站在那裡監視，嚴格執行它的規則。那雙眼睛在無意識的層面運作，給用餐的學生一種被觀察的錯覺。

這種作用叫做**促發**（priming）。促發在透過第一套系統運作的人類行為上，是一種強大的力量，而且它大多是在人們毫無察覺的情況下運作。我們稍早在本章看過，那些在保單的最上方，而不是最下面簽名的人，會比較誠實地申報。藉由先簽名，他們會誠實地填寫表格，因為他們被促發了誠實。

有許多其他例子顯示促發如何能減少不當行為，強化順從。比方說，哈佛商業學院教授法蘭契斯卡・吉諾（Francesca Gino）及麥可・諾頓（Michael Norton），和杜克大學商學院教授丹・艾瑞利（Dan Ariely）合作，研究促發如何影響欺騙。在一場實驗中，他們隨機分派參與者戴上太陽眼鏡。有些是從明顯標示著「正品Chloe太陽眼鏡」的盒子拿出來，有些是從明顯標示著「贗品太陽眼鏡」的盒子取出。雖然所有的太陽眼鏡都是價值三百美元的設計師正品，研究中的一半參與者受到引導而相信，他們戴的是冒牌貨。

這時吉諾及同僚讓學生接受一場數學測驗。學生被告知，他們會依據自己報告的答對題數而獲得報酬。然而，重點是學生被告知，他們是匿名報告自己的分數，並且受到引導而相信，任何人都不可能去檢查他們的答案。假如沒人檢查你的答案，你每答對一題就有錢領，你會如實報告真正答對的題數嗎？或者身為兩袖清風的大學學生，你會撒個小謊，靠著欺騙的手段，從這些太懶散或懶惰而不去設計他們**會知道**你答對幾題的象牙塔教授口袋中，多搾出一點錢？

吉諾及同僚發現，那些認為自己戴著真正名牌太陽眼鏡的參與者，大約有百分之三十會作弊。不過，令人擔憂的是，那些認為自己戴贗品的學生，作弊的機率超出兩倍，大約是百分之七十一。因為這兩種情況唯一的差異處是太陽眼鏡，研究者說明，太陽眼鏡本身造成欺騙行為的重大差異。那些認為自己戴贗品的人促發了欺騙的意圖，於是影響他們做出欺騙的行為。促發不當行為似乎製造出更多不當行為。

不過也是有可能促發好的行為。心理學家尚・路易・吉爾得（Jean Louis van Gelder）及同僚促發人們的「未來自我」。他們請參與者寫一封信給自己，提示則為：「想想二十年後的自己會變成怎樣，寫下現在的你是怎樣的人，有哪些事情對你來說非常重要，以及你如何看待你的人生。」寫這些信給未來自我的人，比較不容易犯下微罪。在另一場不同的實驗中，他們請參與者觀看以角色替身的形態，逼真演出他們自己。有一群參與者看到替身演出他們自己目前的模樣，另一群參與者看到自己的年長版本。接著參與者接受一個其實很容易作弊的小測驗，因為研究者「意外地」把答案寫在考卷的背後。（那些懶散的學者！）他們發現，看到自己同年紀化身的人大約有百分之二十三點五會作弊，而看到自己未來化身的人只有百分之六點一作弊。這顯示出擁有自己未來意象的人們會減少大約百分之七十四的欺騙行為。

有時從這些促發研究的觀點也會用來改進行為及服從規則。就像許多其他國家一樣，荷蘭的火車也設置了安靜車廂。假如你在安靜車廂，你就不能說話或播放音樂。這些安靜車廂容許人們做事、小寐，或者只是注視著鄉村風光，安靜地思考人生。

問題是，不是每個人都尊重安靜的規矩。有些人會「低聲地」和朋友交談，真的很不替別人著想的那些人會在手機上大聲播放音樂。為了解決這個問題，接受過行為改變程序訓練的顧問展開一項實驗。他們把安靜車廂的牆上貼滿了圖書館書籍的全景圖片。車廂牆面從上到下，看過去就像是圖書館的書架。

顧問們花了幾週的時間，觀察在安靜車廂的乘客。在他們布置成圖書館的環境中，他們發現不只比較少人說話，他們自己也少說話了。

很顯然地，促發可能成效卓越。促發是一種蓄意、微妙及經常很簡單的方式，運用我們的認知過程去影響行為。自助餐廳裡有了那些眼睛，提升了順從餐廳規定的機率。人們先簽下了誠實宣言，可以降低保單的詐欺行為。

在對於各種行為的各種方式中，心理學家能夠以在無意識的程度之下改變行為。因此對於順從的認知知識來說，促發是極為重要的應用手法。當促發發揮作用時，可以用極少的代價改進行為。它並不需要額外的執法行動，也不必仰賴社會規範或程序正義。因為促發存在於無意識的層面，它甚至不需要我們得知太多關於法律或是與其相關的懲罰。促發也可能對那些自我控制感較低的人產生作用，因為他們甚至更容易遵從他們潛意識的第一套系統。

認知科學的見解因此能協助改進人們的行為。藉由汲取人們自動決策制定的優點，現存的誘因系統會變得更有效。這些見解激發了經濟學的全新領域，叫做「**行為經濟學**」。諾貝爾獎得主，芝加哥大學的經濟學家理查．塞勒（Richard Thaler）以及哈佛大學的法律教授凱斯．桑斯坦（Cass Sunstein）是這個領域的兩大學者，他們利用認知及行為科學見解，找方法來改進現存的誘因系統，引導人們做出較好的決定，改進他們的行為。他們使用「輕推」（nudge）這個字眼來表示這種介入行為，因為人們被輕輕地推向較好的決策制定。他們主張，對認知過程的正確理解有助於發展出一種選擇架構，引導人們做出較好的行為。促發是這種輕推及選擇架構的好例子。其他形態的選擇架構使得好行為變得更簡單，因此人們（無論他們是否察覺到）也就更有可能做出更好的選擇，舉例來說，在超市裡把健康的食物選項擺在視平線，或是讓器官捐贈成為一種選擇退出對抗選擇加入的過程。

然而，促發確實有數種限制。到目前為止，我們看到可應用的促發範圍大多涵蓋輕微的不當行為。同樣地，大部分輕推及選擇的例子是關於激勵利社會及健康的行為，像是慈善捐款、合作及較健康的飲食，或者違法的輕微形態，例如亂丟垃圾或欺騙。當然了，我們能促發人們在用餐後自行清理是一件好事。而且沒錯，能減少實驗室測試的作弊行為也很棒。不過對於更多重大的犯法行為，使用促發可能要困難許多。我們是否能促發重大的工業汙染者服從環保法規，或是輕推少年犯遵守他們的緩刑要求，依然有待觀察。

另一個問題是，假如把促發應用在政策議題方面，是否能持續奏效。假如所有自助餐廳的壁紙上都有眼睛，所有表格都要在最上方簽名，或是所有鏡子都顯示我們的未來自我，或許我們會變得太習慣如此，以至於這些對我們就不再起作用了。

最後，並且也令人萬分沮喪的是這個不幸的事實：這些實驗其中的一些不曾被複製。二〇二〇年，麗莎．舒及同僚發表了一份新報告。在這份報告中，針對在表格最上方簽名以減少詐欺的效果而進行研究的作者說明，他們無法複製他們原本的研究結果。換句話說，他們可能不再發現證據，顯示在最上方簽名能使得人們更誠實。這對於某些關於促發的研究來說便成了問題：科學證據根本不夠穩健。它證明了往前的可能路徑，但不是一條堅固的路。

法律是法定密碼及編碼員的範疇。立法者試圖透過誘因改變行為，制衡制裁、責任、獎勵及補助等複雜的系統。這些法律編碼員相信，要改變不當行為，他們只要將誘因及反誘因，也就是胡蘿蔔和棍子，設定正確即可。

不幸的是，人類對於法律密碼的回應，比不上電腦對程式編碼的反應。按下正確的按鈕，在棍子及胡蘿蔔之間運用適當的平衡，看來似乎是一個簡單的任務，不過證明了其實非常複雜。我們看到我們運用的大部分棍子，無論是刑罰或侵權，經常無法達到它們的預期效果。胡蘿蔔顯示出希望，效果卻不確定。要創造長期獎勵以改進行為，經常難以執行，而且可能並不划算。從壞處想，我們法律的誘因透過破壞內在動機而得到反效果，就長期來看讓行為變得更糟。

人類行為是探索與探索者的範疇。人類行為及認知的複雜性，使我們不得不放棄棍子與胡蘿蔔在實際執行時能如何輕鬆奏效的假設。我們反而需要更深入探究人類的決策制定。我們處於行為及認知科學的新領域，尤其是當我們想把它運用在損害及違規的行為上。我們可能知道某些認知偏誤及經驗法則，但是並不確知如何在這些方面做出回應。我們可能知道如何部署某些行為線索，並且促發利社會行為，但是這並不代表我們完全掌握如何把它們應用在最迫切的順從問題。

這些複雜性迫使我們重新思考，誘因在我們的法律代表著什麼。在某種意義上，誘因要求法律編碼者擁抱人性，並且接受他們無法預期，更別提完全確定，某種特定的法律誘因會帶來什麼效果。這意味著我們必須重新評估自古以來，我們對於「好的」法律以及法規究竟是什麼的假設。這需要不同的觀點，和法律密碼將人類視為理性電腦的單獨觀點截然不同，而是更深入行為密碼的領域，檢視真正形成我們日常行為的因素。

當我們這麼做，我們會明白要真正改善法律塑造人類行為的方式，我們必須考慮誘因之外的因素。行為密碼的豐富程度，遠超出棍子和胡蘿蔔，還有大象。

Chapter

4

道德面向

一名年輕的學生來到比利時布魯塞爾的駕駛中心，想要學開車。教練以法文說明考駕照的新規定：「要取得駕照，你必須接受手機考試……在傳簡訊時，你要避開道路障礙。」

這名學生嚇了一跳：「喔，真要命。」教練指著他的文件，冷靜地說明：「這不是我發明的，你看這裡。」學生扣上安全帶，搖著頭，露出不可置信的微笑，驚呼著說：「會有很多人撞車的，我告訴你。」

教練帶學生出去上駕駛課，開在教練場的封閉路段。他告訴他要把手機拿出來。然後他開始告訴學生要輸入哪些字：「我想買薯條。」學生一手握方向盤，一手拿手機。他專心看他的螢幕，設法輸入文字內容。教練立刻抓住方向盤，大聲嚷嚷著說：「小心看路……唉吻喂呀！」

考試繼續，學生被告知要輸入：「我們今晚會晚一點。」當學生掙扎著想完成簡訊，教練告訴他：「小心，我會修正你的拼法。」教練檢查學生的手機，並且責備他：「你看，你把『學校』拼錯了。」學生覺得很沮喪：「這是不可能的任務啊！」

不久後，無可避免的事發生了。「停車車車！」教練大喊。學生忙著傳簡訊，把車開出了路面，撞倒橘色三角錐，然後重踩煞車，害沒繫安全帶的教練突然撞上擋風玻璃，撞到他的頭。當教練回神時，他看起來嚇到了，而且有點想吐。他指著翻倒的三角錐，告訴那名學生：「想像那裡有一個小孩。」

「我辦不到，我辦不到，」那名學生說。「說真的，我覺得像個不會開車的白痴。」學生揮舞著他的手機，發洩他的挫折感。「我甚至連自己在寫什麼簡訊都不曉得了！」教練告訴學生，他會因為這樣而考不過。「可是你要我做的事情很危險，」學生反駁。「有人會死掉。假如這成了法律，那我不開車了，」學生說。「我不能同時開車又傳簡訊，這樣太危險了。」

切換到一個空白螢幕。簡訊的聲音響起，一個綠色對話框跑出來：「我們同意。」然後又出現了一個：「開車時傳簡訊太危險了。」

這些場景都是反對開車傳簡訊的公共訊息活動中，一些爆紅的片段。在大多數的國家，立法者都禁止開車時傳簡訊。在荷蘭，政府禁止騎單車時傳簡訊。在美國的某些城市，包括檀香山及愛達荷州雷克斯堡，甚至禁止走路時傳簡訊（twalking）。（沒錯，人們真的使用這個名詞。）

手機快速散布，尤其是智慧型手機，已經證明了對駕駛、單車騎士，甚至是路人造成嚴重的分心作用。根據美國國家公路交通安全管理局表示，在美國，分心駕駛在二〇一八年奪走二千八百四十一條人命，並且造成大約四十萬人受傷。該管理局的數據顯示，在分心駕駛車禍中，大約有百分之十四的案例和手機有關。在較年輕駕駛人的分心駕駛車禍中，手機扮演了尤其重大的角色。對於十五到二十九歲的人來說，大約每五件車禍就有一件和使用手機有關。

因為這種行為如此危險，大多數國家採取懲罰來嚇阻人們開車時使用手機。在美國，每一州都有自己的規定，不過在大部分的州別，開車時傳簡訊是輕罪，初犯可處以二十五到五百美元的罰鍰。在荷蘭，單車騎士在國內的世界知名腳踏車道上騎車時使用手機，會面臨九十五歐元的罰金。正如交通部長寇拉．紐溫威森（Cora van Nieuwenhuizen）說明：「我有一個清楚的訊息要送給單車騎士：把你的手機和你的九十五歐元放在口袋裡。」此外，在檀香山走路傳簡訊會挨罰三十五美元。

比利時當局以這支爆紅的影片，想嘗試一種截然不同的方法。這支影片並未表示法律禁止傳簡訊，或是警告違法者會遭受處罰。它只是顯示，假如我們強制青少年在開車時傳簡訊，下場會有多悲慘。別忘了，這些人是所有人口中最了解簡訊的一群。結果這不只是一支好笑的影片，觀眾看到學生天真又吃驚的回答，在安全開車時無法正確拼字。觀眾也看到在開車時傳簡訊，會真正發生什麼事。他們看到那有多危險，而且從手機不離身的青少年口中說出，他們希望這永遠不會變成法律。他們的注意力被喜劇所吸引，觀眾有效地接收到訊息，也就是開車時傳簡訊是危險的。

這個例子讓我們看到一個不同部分的行為密碼。與其仰賴誘因，例如罰款或責任，我們能快速又有效地說服人們去做對的事。在這個例子中，影片提供了一個為年輕觀眾設計的聰明道德訴求。

這種道德訴求並不新奇或特別，也不是由政府發明的。想想由美國電信巨擘 AT&T 所製作，兩支關於開車時傳簡訊的影片。在第一支影片裡，我們看到威爾．奎格（Will Graig），他說自己以時速一百二十哩撞上一棵樹。載他的那名駕駛當時在傳簡訊，她沒有踩煞車，而是踩油門。威爾說，她才剛開始輸入簡訊：「在哪裡。」「三個字，」威爾說。「提到這件事帶來沉重的傷痛。」這的確令人傷痛：他的大腦皮質受傷，一側肺葉塌陷，還有四根肋骨斷裂。「我現在還會走路、說話，都是上帝的恩典。」

在 AT&T 的另一支影片中，我們看到錢德勒（Chandler），看起來才二十出頭。他坐在黑暗的背景前，訴說他的故事：「你知道，擋風玻璃就這樣破掉，玻璃碎裂，還有尖叫聲。」鏡頭推遠，讓我們看到他的客廳。「你知道的，我看到了，嗯，一具屍體從小貨車的敞篷車頂掉下來。」錢德勒抬眼看了一下，彷彿他現在還看得到那幅景象。「我只是想，喔，天哪，我做了什麼？我——我到底做了什麼？」他搖搖頭。螢幕切換到一個黑色畫面，上面有灰色字體：「錢德勒撞死三個小孩時，正在打簡訊『我愛你』。」錢德勒深深地嘆息。「從來，從來沒有一天，我醒來之後沒想到這件事。」這兩支廣告都是 AT&T 廣告活動「它可以等」的一部分。

藉由顯示受害者發生了什麼事，人們能看到他們可能造成的傷害。它迫使人們面對開車時玩手機的道德感。藉著訪問因為分心駕駛而造成死亡車禍的某人，廣告直接顯示帶著罪惡感及羞愧活下去，會是什麼滋味。

這些廣告的訴求都是人們的是非感。它們訴求的是我們的道德感。

守法的道德邏輯

一九八四年春天，任教於耶魯法學院的心理學家湯姆．泰勒（Tom Tyler），在芝加哥安排一項具開創性的大型研究，想了解芝加哥人為何遵守法律。他的研究團隊聯絡一千五百七十五位當地居民，並且和每一位進行半小時的訪談。一年後，他們再次訪談原始研究中的八百零四位參與者。這大約是一千二百小時的訪談時間。

第一波的參與者被要求表明他們有多常從事違法行為，例如超速駕駛、違規停車、亂丟垃圾、酒駕，以及順手牽羊。泰勒也評估是什麼影響他們的違法行為。他發現嚇阻，也就是害怕懲罰，並不影響人們為何遵守或不遵守法律。他反而發現人們的價值觀及規範有關係。到目前為止，最強烈的順從預測因子是，人們是否認為這些法律和他們自己的道德感一致。他們的道德感越覺得亂丟垃圾是一個問題，他們就越會遵守亂丟垃圾法。他們的道德感越抗拒酒駕，他們就越不會從事酒駕的行為。

這些研究結果應該不令人意外。這是完美的邏輯，人們遵從他們的道德感，做他們認為是正確與公平的事。這樣也符合道理，假如人們在道德上不支持法律，他們比較可能會違法。在電視劇《廣告狂人》（*Mad Men*）裡的時代，一九六〇年代，抽菸禁令在美國會遭遇慘痛的失敗，因為很少人認為抽菸是不道德的。然而到了一九八〇及一九九〇年代，當美國大部分的州都採用抽菸禁令，結果很順利，因為道德及社會地景已經完全改變了。人們認為抽菸具有傷害性，道德上支持反抽菸法規。

假如法律和他們的道德觀一致，人們比較可能會遵守，即使並未強制執法。我們的許多道德觀都根深柢固，在年幼時向我們的父母、學校，或者直接從朋友身上學習。我們學到偷竊、欺騙或作弊、傷害或殺人都是不對的。我們的法律系統有很多都是把這些古老的價值觀編纂成資產及竊盜、詐欺、性侵、毆打及謀殺的正式法規。

不過有許多法律並未建立在深植人心或廣泛共享的道德基礎上。有時法律甚至試圖改變既有的道德觀，或者至少是被視為受到完美接受的既有行為，就道德方面來說的話。想想禁止走路時傳簡訊的規定。我們很少人會在道德上反對邊走路邊傳簡訊，因此只有少數人會認為這件事需要禁止或加以規範。

或是想想所有的那些悄悄滲入機關組織的官僚規定，要求更多的報告及更多的文件；沒人真正知道它們為何存在，更別提它們的道德基礎了。當然了，還有就許多法律的道德性所帶來充滿政治的爭議。想想看在美國的人如何不贊同佩戴口罩以防新冠病毒、大麻、墮胎或槍枝的規定。

道德在行為密碼中扮演一個重要的部分。要讓法律來改善行為，它必須和既有道德站在同一陣線，或者是負起塑造未來道德的任務，讓它們和法律一致。要了解法律能如何汲取人們道德感的優點，卻經常失敗，我們必須探究道德感及倫理的社會科學。

在歐洲，有一名婦女罹患了罕見癌症而瀕臨死亡。醫生認為有一種藥物可能救得了她：那是同一座鎮上的一名藥劑師最近發現的一種鐳。這種藥物的製造成本極高，不過這名藥劑師居然收取十倍的價錢。他付了二百元取得鐳，小小的一劑藥卻要收二千元。這名病危婦人的丈夫，海因茲去找他認識的每個人借錢，但是他只弄到了大約一千元。他告訴藥劑師，他的妻子快死了，請他把藥便宜賣給他，或是晚一點再付另一半的錢。但是藥劑師說：「不行，我發明了這種藥物，我要靠它賺錢。」海因茲在絕望之餘，闖入那名男子的店，偷了藥物給他的妻子。

問題是：你認為海因茲應該闖進那家店，偷走藥物去救他的妻子嗎？在你繼續往下閱讀之前，停下來思考你的決定，以及為何做出這種決定的原因。

上述的情節是幾乎一字不漏地，從一九六三年的一份研究複製出來的。這項研究由在芝加哥大學及哈佛大學任教的心理學家羅倫斯·柯爾柏格（Lawrence Kohlberg）進行，將十種情節呈現給芝加哥及波士頓，六歲、十歲、十三歲及十六歲的孩子們，而這是其中的一個。這群孩子閱讀這些道德兩難的處境，指出故事裡的主角應該怎麼做，並且說明他們的觀點。每場面談都錄音，並且持續大約兩小時，因此得到豐富的資料。

那群男孩之中的一位，十歲的湯米對上述的兩難處境做出這樣的回答：「他的妻子生病了，假如她沒有快點拿到那種藥，她可能會死掉。或許他的妻子是很重要的人，開了一家店，那名男子跟她買東西，而且在別的地方都買不到。警察可能會怪那位老闆，因為他沒有救那位妻子。這就像是拿槍或刀殺人。」

柯爾柏格分析面談的數據，想了解孩子們的道德推理。他探究這些複雜的答案，發現道德發展有六個階段。以下是在他的原始報告中，對這六個階段的描述，再引用其中一個孩子對那個階段的說明：

第一階段：懲罰服從取向（假如不會被逮到，去做就沒關係。）

「這要看他（海因茲）在警察局認識誰。」

第二階段：相對功利取向（假如感覺不錯，那就去做。）

「假如他的妻子又美又善良，他應該去做。」

第三階段：好孩子取向（為了我去做。）

「他應該去做，因為他愛他的妻子。」

第四階段：遵守法規取向（盡你的義務。）

「救一條人命比保護財產更重要。」

第五階段：社會法治取向（這是深思熟慮的人的共識。）

「社會有權利保護它的生存。假如我讓她死掉，我在大家面前會抬不起頭來。」

第六階段：普遍道德取向（萬一每個人都那麼做呢？）

「人類生命具有至高無上的固有價值。假如我讓她死去，我會一輩子愧疚。」

上面的引述顯示，推理的類型如何與可憐的海因茲設法救妻的意圖有關。在第一階段的道德推理，重點在於海因茲是否能躲過懲罰。假如不會受罰，他應該去偷取藥物。在第二階段，假如這麼做讓海因茲感覺良好，他應該去做。到了第三階段，重點在於為了他人犧牲：因為他愛他的妻子。在第四階段，重點是更廣泛的義務，也就是救人的義務，即便這意味著偷竊。在第五階段，重點是與社會的關係，以及一個人做出不被接受的行為，會有什麼感覺。所以假如社會告訴海因茲，如果不偷藥物去救他的妻子，他應該感到羞愧，那麼他就應該去偷。最後，第六階段的重點是適用於所有人類的普遍道德原則。在這個階段，海因茲應該出自對人命的普遍尊重，偷竊藥物來救他的妻子。

柯爾柏格的研究顯示，我們的道德連續發展出不同的階段。在他的模式中，人類道德始於個人主義，基礎是人們如何能避免懲罰及痛苦，或是為自己爭取利益。在我們進步之餘，我們開始受到如何看待自己的利益及義務所驅使。在最高的層級，有一種道德感是內建在社會及抽象的普遍人類價值之中。

柯爾柏格顯示出人類道德判斷力的動態本質。隨著孩童日漸成長，他們的道德判斷力也逐步進化。他發現到了成人時期，大部分的人會達到第四階段，有少數人會進入第五及第六階段。柯爾柏格的研究也顯示，即使在成人時期，人們在如何做出道德決定時也可能各有差異。因為人類對法律規則的回應深植於道德感之中，要了解並塑造這種回應，需要了解人們所做的道德判斷類型。道德對服從法律的訴求，對於在第二階段（這時訴諸自己的利益會奏效）做出判斷的人們來說，應該和第四階段（這時的重點都在於義務）的人非常不同。後續的研究提供關於人類道德決策制定的新見解。

思考一下以下的敘述。有一家人的狗在家門前被車撞死了。他們聽說狗肉很可口，所以切割狗的屍體，拿去料理，當作晚餐吃掉了。

你對這家人吃掉他們的狗有什麼想法？
這是大錯特錯、有點不對，還是完全沒問題？
你能說明你為何這麼認為嗎？
有任何人被這種行為傷害嗎？
假如你看到這種事發生，你會覺得不安，還是不關心呢？

在美國及巴西進行的某項研究參與者，在閱讀了完全相同的情節之後，被要求回答這些問題。大部分的人認為沒有對任何人造成傷害，但是有百分之二十三的參與者認為這家人會受到傷害，因為吃狗肉引起的健康問題，而百分之十的人表示，其他人會因為這件事而受傷（他們並未特別指出是哪些人）。有百分之七十二的參與者說，他們會因為看到這家人吃掉他們過世的寵物而感到不安。

這項研究想了解人們如何推理，他們為何認為某種行為在道德上是錯的。他評估道德推理是否源自人們是否看見傷害，或是他們是否只是為了這種行為感到不安。研究發現，在這個案例中，對他們的道德評估最重要的是尋求解答，找出他們是否會因為親眼看到這件事而感到不安，或是他們認為任何人會因為吃掉寵物而受到傷害。這項研究對其他「無害的」犯罪者故事，做出了類似的研究結果，例如一名女子裁剪她已經用不到的國旗；一名人子在母親臨死前承諾會定期去掃墓，但是並未實現諾言；一對兄妹在四下無人時接吻；一名男子和他在超市買的雞隻屠體性交。

這項研究的人們做出的道德決定，是根據所描述的事是否令他們感到不安，而不是他們是否認為造成了傷害。在後續的一項研究中，探討自由派及保守派的參與者如何看待同性戀、亂倫，以及不尋常的自慰類型。研究者發現，參與者經常無法闡述他們的道德觀點。正如這份報告的概述：「他們在無法提出支持的理由時，會結巴、大笑，並且表達驚訝，然而他們不會改變最初的譴責判斷。」參與者承受「道德錯愕」之苦。

這一切顯示出，人們在做出道德判斷之前，並未從事清楚的推理。紐約大學的心理學家強納森．海德特（Jonathan Haidt）是這些研究的主要作者，他的結論是，柯爾柏格及其他把焦點放在道德推理上的人，承受某項基本疏失的困擾。柯爾柏格探究孩童如何發展道德觀，方法是要求他們說明他們對道德兩難的處境有什麼想法。正如海德特說明：「柯爾柏格把孩童想成正在萌芽的哲學家。」然而柯爾柏格研究的是道德判斷的事後合理化，不是塑造道德判斷的道德直覺。嚴格地說，道德推理不會形成道德判斷。海德特反而相信，人們基於對是非的直覺，做出道德判斷之後，才產生道德推理。因此，有人懷疑道德推理能夠預測道德行為。

為了了解這點，我們需要回到我們腦中的大象。我們腦子裡的自動化第一套系統會做出快速又容易出錯的決定，不只影響我們對成本效益的理性衡量，也塑造了我們的道德感。第一套系統參與道德直覺，海德特把它解釋為包括「快速、自動化，以及（通常）充滿情緒的過程。在這些過程中，我們的意識出現對於好壞或喜歡與否的評估感覺，卻沒意識到我們經歷了搜尋、衡量證據，或是做出結論的步驟」。我們的冷靜、緩慢及審慎的第二套系統進行道德推理，海德特把它定義為「有意識的道德活動，包括改變對於人及其行為的資訊，以便做出道德判斷或決定」。

這是否意味著人們並未從事審慎的道德推理，所做的一切都是靠直覺呢？不盡然。第一及第二套系統以雙系統的方式運作，我們能把快速又自動化的回應與較緩慢的審慎認知加以結合。假如人們真的想要，他們能啟動第二套系統去進行艱難的成本效益計算，遏止第一套系統的立即回應。假如他們能暫停他們的道德直覺，他們事實上能從事理性推理。

人們的道德感在如何回應法律的方面，扮演了重要的角色。現在我們知道，為了要汲取這種道德感的優點，人們有著不同的方式，讓他們去處理仰賴道德直覺及道德推理的議題，尤其是在他們面對困難的道德兩難處境時。所以成功的道德訴求應該不只適合人們可能有的不同道德推理階段，也應該顧及他們經常依循他們的道德直覺。對於如何汲取道德認知的優點，有一個全新的學術領域已經發展出大有可為的最新理念。

「好人」爲何做壞事

瑞典的管理者收到他們徵才貼文的應徵申請書，卻不知道這是一項精心設計的研究一部分。對於每項職缺，這些管理者都會收到代表四位虛構應徵者（兩男兩女）的文件，每份文件附上一張照片，以及幾乎完全相同類型的履歷及求職信。唯一的不同點是照片經過數位操作，把兩名求職者變得看起來像是一般體型的人，另外兩位的體型看起來要有分量許多。然後研究者等著看這些求職者之中，哪些人收到面試通知。他們發現，「肥胖的」求職者受邀參加面試的機會要少很多：男性的機率少了百分之六，女性則少了百分之八。

過了幾個月，研究者聯絡那些做出面試決定的管理者，進行線上測試。在測試中，他們被要求將一般體型或體型過重者的照片，和一些例如「有效率」、「有生產力」、「勤勞」、「目標取向」、「無效率」、「不適任」、「慢吞吞」及「懶惰」等字眼，進行配對，研究者將管理者在選擇這些字眼是否最符合照片的回應時間，記錄了下來。

研究者使用的測試就是所謂的內隱連結測驗（Implicit Association Test，IAT）。社會科學家發展出IAT，測量人們可能有的內隱偏見，比方說關於種族或性別。內隱偏見會導致某人在甚至未察覺的情況下，產生歧視。這個案例就是如此。管理者在把體型較大的人和表示生產力的字眼配對時，速度會較慢，我們說的是非常細微的時間差異，因此揭露了他們的內隱偏見。不只如此，他們也比較可能對體型較大的求職者產生歧視，不找他們前來面試。這種內隱偏見是歧視聘雇決定的核心解釋。

這項研究最重要的結果是，管理者並未察覺自己對體型較大的人存在歧視。在做為後續研究的問卷填寫時，管理者被要求表明，當他們在做聘雇決定時，是否偏好體型較纖瘦的人。這項數據的統計分析顯示，管理者如何回答聘雇時對體型的隱性偏好，以及他們實際上決定不找體型偏大者來面試之間，並沒有關聯。或許在他們的心裡，他們做出具有道德及倫理的行為，沒有任何明顯的歧視，而實際上，他們顯然根據人們的體重而心懷歧視。同樣地，那些好人，或者那些至少認為自己的行為合乎道德的人們，會不自覺地做出不好的行為。

這對於法律如何塑造人類的行為，具有重大的因果關係。它顯示就算擁有廣泛道德支持的法律，在此我們假設法律禁止對於種族、性別或外表的歧視，依然可能無法防止結構性及系統性的違法行為。這顯示人們會在無意之間，做出不道德的行為。

行為道德是一個新領域，致力於了解是什麼原因驅使好人從事連他們自己都認為是不道德的行為。它應用心理學的見解，也就是我們的道德判斷以結合直覺及推理的雙重處理模式運作。在哈佛商學院的馬克斯・巴澤曼（Max Bazerman）及聖母院大學的安・坦布倫塞爾（Ann Tenbrunsel）合著的《盲點》（*Blind Spots*）一書中，以「有限道德」一詞來解釋這個概念，說明「主要探索的心理歷程在於，引導甚至是好人從事和自己的道德相牴觸的不道德行為」。

在最極端的案例中，人們可能完全沒有察覺到他們的不道德，因為他們的非道德行為大多是透過第一套系統來運作。我們的潛意識認知是一把雙刃劍。在一方面，人們的基本道德感透過直覺運作，因此我們的直覺可以在我們如何看待是非之際引導我們，從而採取行動。我們的第一套系統，也就是那隻大象，可以讓我們做一些會讓第二套系統的那名騎士蒙羞的事。因此我們在這裡得知，我們大腦裡的雙重歷程認知不只會破壞損失與收益的理性衡量，也可能影響人們的道德思考及行為。

想像有個骰子遊戲。在以色列、西班牙、美國及南韓進行一項研究中，參與者被要求擲骰子，並且回報他們擲出的點數。他們回報擲出的每一點，都能得到一塊錢的獎金。所以假如擲到四點，他們會拿到四塊錢。然而，參與者可能說謊，因為骰子是由一只杯子蓋住，杯子上面有個小洞，因此只有他們自己才看得到擲了幾點。這其中有個轉折，研究者隨機分配參與者以他們的母語或外語進行整場實驗。然後他們比較兩組人有多誠實，方法是評估一整組參與者回報的骰子點數，就統計上來說是否不可能達成。結果發現，參與者以母語進行實驗，比使用外語時更可能撒謊。這項研究對於研究結果的說明是，對個人收益撒謊是一種直覺，也就是第一套系統對於這項研究設下的誘惑所做出的回應。不過以第二語言進行這項實驗時，參與者以一種較審慎的態度運作，第二種語言加強啟動了他們的第二套系統，因此抑制了他們的直覺回應。啟動第二套系統壓制了第一套系統，防止他們的欺騙行為。

從這項研究中，我們明白在我們直覺回應欺騙的誘惑時，第一套系統不只能讓我們更加不道德，它也顯示出在某些情況下，這種事更可能或更不可能發生。許多其他的情境研究發現，當人們較倚賴第一套系統運作時，它會暗中破壞他們的道德行為。比方說，有一項研究發現，一個晚上沒睡的人擁有較低的道德意識，也比較不可能決定自己或他人的行為是否合乎道德。另一項標題為《誠實的週一》研究發現，在一週的工作日中，人們在接近尾聲時會比一開始的那幾天更不誠實。當人們被迫在時間壓力之下做決定，他們會比有時間思考的情況下更可能說謊。

就像我們稍早討論過的認知及誘因研究，這些研究探索我們知識的邊緣，也就是我們的大腦如何運作，以及那如何影響道德感。我們必須知道，要了解像是自動道德感這種複雜的事，本身的挑戰確實會讓人更難加以確定，這些研究結果也適用於所有的情況，並且能在未來進行複製。我們剛討論的這些案例之中，有許多是單一研究，不是完成系統化的探討及涵蓋各式廣泛設定的複製之餘，所得到的穩健研究成果。這方面的研究大有可為，因為它顯示了對於非道德行為，簡單的介入有助於抑制風險較高的情況。不過可能要假以時日，科學證據才能提供確實又足夠的基礎，做為政策的根本。

人們也會做出不當行為，卻沒有意識到他們的作為是錯誤的。我們有限的道德自我意識使我們輕易做出不當的行為。巴澤曼及坦布倫塞爾針對在非道德行為之前、之中及之後起作用，讓人們對自己的不當行為毫不知情的不同機制，提出了一份實用的概述。

第一個問題是，人們傾向於認為，在面對非道德的機會時，他們會拒絕誘惑。不過實際上，人們對自己的道德預測並不擅長。其中的一個因素是，當我們試圖預測自己未來的行為，我們會有意識地衡量道德的利與弊。不過要採取行動時，我們經常只是依照自己的直覺回應。

人們也深受「道德消退」之苦。在面對道德兩難或做出不當行為的機會時，他們的道德退居幕後，取而代之的是自私及享樂主義的考量（「怎樣對我最好？」或是「怎樣對生意最有利？」）。同樣地，當我們回顧過往，我們察覺到自己比實際上更具道德感。道德消退的一個好例子是，某項研究發現，和那些不曾撒謊的參與者相比，藉著撒謊領到更多錢的人，更有可能忘記他們簽過的榮譽守則，即便是多付他們錢，要他們去正確回想那些道德規則。

委婉語在這裡會造成影響，因為人們使用語言隱喻，抑制他們決定中的道德暗示。心理學家安・坦布倫塞爾及大衛・梅西克（David Messick）對此舉例說明：「我們從事『積極的』會計實務，而不是非法行為。或許有些『外部因素』和策略有關，對其他人或環境不造成傷害。我們在軍事活動中有『附帶損害』，不是老百姓死亡。」

增量過程也有關係。人就像是放在一鍋冷水裡的活青蛙。當火打開時，水慢慢地開始加熱，慢到青蛙甚至沒注意到它開始滾了。非道德行為經常也是如此；一種突然又強烈的非道德行為會突顯出來，逐漸增加地轉變為更嚴重的不當行為不為人知地繼續進行。因此，人們可能順著斜坡往下滑，直到他們不僅習慣了非道德行為，而且也開始做一些自己從沒想過會做的事。

犯罪學者也探討人們如何在犯罪之後，帶著他們感受到的罪惡感及羞愧感活下去。他們發現，人們使用「中和」法，協助他們克服自己的道德感，以便從事犯罪行為。

主要的中和法有幾種。最基本的是犯罪者會單純否認責任：「這只是意外。」或是：「大家都這麼做，不是只有我。」犯罪者也會中和非法行為，說服自己那種行為並未造成任何傷害。蓄意破壞公物只是「惡作劇」。偷車只是「借用」。犯罪者也會重新組構「受害者」。假如他們把他們傷害的人視為某個活該被傷害的人，這個罪行本身就會從錯的變成是對的。它不再是犯罪行為，而是成了「正當報復」。大家都知道街口那家店的老闆哄抬物價，占我們的便宜，所以我在商店櫥窗噴漆寫下「小偷」並沒錯。把這個當成是羅賓漢中和法，調換大家眼中的受害者及犯罪者。犯罪者或許也會說，忠誠比服從法律或廣義的社會規範更重要。比方說，幫派分子可以告訴自己，背叛幫派忠誠比犯罪更可恥。或是企業犯罪者可能會對自己說，獲利比其他的一切都重要。同樣地，人們可能會中和羞恥和罪惡感，把一切怪罪於法律系統，或是那些怪罪到他們頭上的人：「這個體系是種族主義者，永遠不會給我機會。」還有所謂的「功過相抵」：「我已經做了這麼多好事，可以被允許做這麼一件壞事。」這也叫做「道德許可」，人們許可自己做壞事，因為它被他們做的所有好事抵銷了。

任教於史丹佛大學的心理學家亞伯特・班杜拉（Albert Bandura）發展出一個相關的概念，稱之為「**道德疏離**」。人們透過道德疏離，在做壞事時壓抑他們的羞恥感及愧疚感。比方說，人們可能在自己的非道德及不人道行為上，使用道德辯解。恐怖分子會指向宗教，或者幫派分子會指向團體榮譽。人們可能也會把自己的錯誤行為，拿來和那些表現得更糟的人相比。在高速公路上超速的人可能會認為，肇事逃逸的犯罪者才是真正不道德的駕駛。人們也會否認傷害的存在。非法收看網路電視節目並沒有真的傷害到誰，反正這些公司和演員賺太多錢了。最後的一個例子是，人們可能剝奪受害者的人性。假如有人認為毒蟲稱不上是人的話，賣毒品給他們就不是問題了。

班杜拉主張，就某些行為的道德錯誤而言，與其把焦點放在基於價值的判斷上，我們應該專注於授權給這些判斷的認知歷程。這些機制使用得越多，個人就越能疏離和自我約束（例如羞愧、罪惡感，或是壓力）相關的威脅。

犯罪者的實徵研究顯示，這些中和及道德疏離法會影響犯罪行為。與犯罪者的訪談顯示，中和經常是在大範圍的犯罪活動中引起的，其中包括輕罪，例如偷竊辦公室用品，不過也包含嚴重許多的罪行，甚至是種族滅絕。有一份近期的評論比較五十三項研究的結果，發現有越多人使用中和及道德疏離法，他們就越可能從事違法行為、侵犯行為及犯罪活動。

我們有方法可以克服中和及道德疏離。事實上，我們可以嘗試「中和掉中和法」。人們使用這種方法，面對他們的行為造成的傷害、有真正受害者的事實，以及該怪罪的人是他們。回想一下 AT&T 那兩則反對開車時傳簡訊的廣告。他們讓我們看見一名非常具人性的受害者，以及非常真實的傷害。他們也讓我們看到一位極度懊悔的駕駛，顯示因為分心駕駛而奪走三條人命，會有什麼樣的感受。

另一個重要的方法是讓犯罪者面對受害者。這是「修復式正義」。刑法傳統上尋求懲罰犯罪者，找出他們或是制裁他們。修復式正義是以截然不同的方式去思索正義及犯罪，這需要犯罪者為他們的行為及造成的傷害負起責任。這麼做十分困難，因為它要求某件罪行的肇事者深入挖掘自身行為的肇因及後果，而且承諾進行一套行動計畫，以顯示他們正在修復那些傷害。

修復式正義鼓勵受害者及社區參與執行正義及修復傷害的過程。經過設計之後，犯罪者明白他們的行為如何造成傷害，並且被要求負起自身行為的責任。這兩者都是重要的元素，抵銷中和作用及道德疏離。而且事實上，某項針對各種修復式正義計畫所進行的研究顯示，它們對於修復傷害及減少再犯十分有效。

這一切顯示出，道德感對於影響犯罪參與極其重要，無論是在開始或停止它都是。如果我們能做到汲取某人的道德感優點，尤其是他們和社群分享的道德觀，我們或許能減少犯罪及再犯。但不是所有做出不當行為及破壞規則的人，都擁有相同的道德密碼。

有些人就是不道德嗎？

華金・古茲曼（Joaquín Guzmán），人稱矮子，是墨西哥西納洛販毒集團的首腦，運作或許是美國有史以來最大的販毒行動。他從墨西哥監獄逃獄之後，終於被引渡到美國，在布魯克林法院開庭時，世人聽到了許多據說他曾參與的殘暴行為。他被控對只有十三歲的年輕女孩下藥及性侵。他有一名隨身保鑣痛毆兩名男子，害他們看起來像是「破布娃娃」，然後朝他們開槍縱火。他派人去殺了他的堂弟，因為對方說謊。有一名目擊者看過矮子至少謀殺了三個人。總的來說，矮子的販毒集團要為了在矮子最活躍的二〇〇七到二〇一四年間，奪走十六萬四千條人命的墨西哥血腥毒品戰爭負責。在審判時，聯邦法官布萊恩・寇根（Brian Cogan）說，古茲曼要為「令人難以承受的惡行」負責。

我們的新聞充斥著犯下各式各樣真正毀滅性行為的人。伯尼・馬多夫操縱有史以來最大規模，六百四十八億美元的龐氏騙局，詐騙四千八百名客戶。賴瑞・納薩爾（Larry Nassar）在擔任美國體操國家隊隊醫以及密西根州立大學校醫時，性侵害他所照護的未成年少女。他被控侵害二百五十名女子，而他承認其中的十件指控。伊莉莎白．霍姆斯（Elizabeth Holmes）藉由不實地宣稱她的公司 Theranos 能使用微量血液進行檢測，募集了超過七億美元，並且恐嚇懷疑公司技術聲明的前員工及記者。哈維．溫斯坦（Harvey Weinstein）濫用身為好萊塢製作人的權力，性侵害及強暴女演員和電影產業工作人員，並且利用保密協議及恐嚇手法，確保他的濫權行為不會被公諸於世。還有最惡名昭彰的連續殺人犯、凌虐者、恐怖分子、職業殺手，以及暴力的獨裁者。很顯然地，有些人固定從事一些社會上其他每個人都深感不道德的行為。在這些案例中，發揮作用的不只是某種道德消退、中和作用，或是內隱偏見而已。

有些人相信，在好人與壞人之間有一種基本差異。古希臘的思想家，亞里斯多德為這個觀點做出總結：「好人的生活關乎美好的理想，他們會聽取道理，而壞人的宗旨是愉悅，必須受到痛苦的控制，就像一頭負重的野獸。」根據這個說法，壞人只是尋求自身的愉悅，而且因為如此，他們只能透過威脅及痛苦而停止。

這是真的嗎？某些人是否就是不一樣，道德感較低，或者甚至是毫無道德感？

我們回想柯爾柏格關於兒童發展道德推理的研究。柯爾柏格原本主張，許多犯罪者有著發育不良的道德發展，而這個觀點激發了對受刑人的道德感展開研究，帶來大量的研究成果。比方說，有一份二〇〇六年的研究針對道德推理進行比較，對象是男性及女性受刑人，以及年齡和性別類似、沒有前科的團體。有一份針對這類研究的探討做出總結：犯罪者經常進行「顯示不成熟程度的道德推理」。

然而，在深入探究道德推理類型及犯罪類型時，兩者之間的關係並不是那麼明確。有一份性犯罪的研究比較強暴犯、亂倫犯罪者及兒童性侵害者之間的道德推理程度。結果發現他們的道德發展並不相似，因為亂倫犯罪者道德推理是在第一及第二階段，那針對一般犯罪者研究的結果類似，不過強暴法及兒童性侵害者發展的道德推理是在第三及第四階段。即便犯罪者的道德發展發育不良，讓全貌更複雜的是，那不代表這導致了他們的犯罪行為。有一份針對年輕男性受刑人的研究發現，這些犯罪者確實擁有較低程度的道德推理，但是這和他們的犯罪行為一點關係也沒有。這項研究因此無法顯示，較低的道德推理如何和犯罪行為產生關聯，它主張或許這其中並無直接關係，因為道德推理的類型會影響其他讓人們更可能犯罪的人格層面。

犯罪學的整個領域都投注在人格及犯罪方面。有一項特別有趣的人格測量記錄所謂的誠實／謙遜。它被定義為「個體的道德傾向，相關的傾向有人際真誠、不願意占他人便宜、避免詐欺及腐敗、對於地位及財富沒興趣，以及穩重及謙虛」。一系列的研究發現，在誠實／謙遜等級中得分較低的人，比較可能從事性侵害、在工作場所的不當行為、職業犯罪，以及一般的輕罪。

當然了，其他人格特質也和傷害性及違法的行為有關。有三種特別突出：自戀者、心理病態者，以及馬基維利主義者。這三者合在一起，成為廣為人知的「暗黑三人格」。自戀者具有誇大的自我重要感，一種強烈的特權感，以及一種對優越感及仰慕感的需求。有心理病態特質的人傾向於比較衝動、自私，並且缺乏同理心及悔恨。最後，馬基維利主義者是根據義大利思想家尼可洛．馬基維利（Niccolò Machiavelli）的著作發展出來的，意指那種冷淡又工於心計的人，會操控他人、使用詭計，以及使用任何必要手段去達到對自己有利的目的。

關於暗黑三人格最重要的研究做出總結：「構成『暗黑三人格』的人格有許多共同特色。這三者在不同的程度上都意味著某種社交惡意特質，具有自我推銷、情緒淡漠、表裡不一及侵略性的行為傾向。」研究確實顯示，有這三種特點之一的人比較可能從事不當行為，例如霸凌、欺騙、異常性行為、報仇、白領犯罪（例如詐欺）、學術不誠信，以及暴力犯罪。

具有人格障礙的人可能也比較容易從事傷害性或非法的行為。我們在這裡說的是臨床診斷精神異常的人，嚴重影響到他們的日常運作。在美國精神醫學學會（American Psychiatric Association）的主要診斷手冊 *DSM-5* 中，把這類的異常定義為「對自我及他人的思考及感受方式，對個體在許多生活層面如何運作造成重大又不利的影響。」它列出了十個類型，例如偏執、分裂、反社會，以及邊緣性人格障礙。

顯然地，不是所有臨床診斷精神異常的人也參與犯罪，而那些犯罪的人也不是都有精神障礙。然而，一份文獻探討發現，有某些異常疾患的人從事暴力行為的機會多出三倍，而重複犯罪行為的機會則是多出二到三倍。這份探討並未發現，所有人的所有異常疾患都和更加暴力的行為有關。正如它所說明，這類疾患及暴力行為之間的關係非常多樣化。比方說，強迫症及迴避性人格疾患和犯罪行為並沒有強烈關聯，而且一份近期研究發現，有這類疾患的人或許甚至更不可能從事暴力行為。

同樣地，發展心理學家探討孩童及成人的特定特質，是否使得他們更傾向於犯罪行為及暴力。他們研究所謂的冷漠無情特質，以量表進行檢視。展現出較多冷漠無情特質的孩童及青少年所顯示的人際交往風格，特色是缺乏同理心，在不當行為之後缺乏罪惡感或悔恨，以及情緒淺薄或不足。有證據顯示，較具冷漠無情特質的人在尋求與他人建立感情，或者甚至只是從中獲得愉悅的部分，顯示為不足，並且也比較不容易受到威脅的影響。那麼研究發現具有較多冷漠無情特質的孩童，有較大的風險會從事非法行為，或許就不令人意外了。

不過我們能如何運用這種資訊呢？我們真的能說有好人與壞人，或者以更中性的用語來說，人們具有犯罪的較高或較低風險嗎？研究顯示，某些人具有的特質及疾患，或許會使得他們比較可能從事破壞、暴力或犯法的行為，不過我們別忘了，數據有多複雜。數據很可能傾向具有人格疾患的人，因為他們比較可能被逮，因此較常出現在犯罪統計中。雪上加霜的是，科學無法可靠地預測某些人可能從事犯罪行為的可能性，更別提確切說明了。

以詹姆士・法隆（James Fallon）博士為例。他是加州大學爾灣分校的神經科學家，研究腦部的解剖模式，以便了解心理病態。他知道心理病態者的大腦在連結到同理心及道德感的額葉區塊，有減少活動的傾向。事實上，他對這部分如此熟悉，以至於他能只是看一眼大腦掃描的圖像，就能把它們挑出來。

然而，有一天，在進行另一項關於阿茲海默症的研究時，他的辦公桌上有一疊各種來源的大腦掃描圖片，包括診斷為精神病態、思覺失調、憂鬱的患者，還有來自他自己家庭成員的一般或正常腦部掃描。當他檢視一份家族成員的掃描圖片時，他驚慌地看到一個心理病態腦部的明顯徵兆。他檢查他的腦部掃描機，看到它運作正常。因此在他家族裡的某人一定是心理病態患者。換成是誰都會這麼做，這時法隆查看那是誰的腦部掃描。出乎他的意料，他發現那是他自己的掃描圖片。

後來他在一場訪談中回想著說：「我從沒殺過任何人，或是強暴任何人。所以呢，我想到的第一件事就是，或許我的假設錯了，這些大腦區域並未反映出心理病態或謀殺的行為。」

法隆的故事顯示，我們一定要謹慎使用心理學測驗，用來預測誰會變成一輩子的暴力罪犯。事實上，對於以最常使用的心理病態檢測量表做為基礎，在死刑判決案例中評估重複暴力的風險一事，專家正在敲響警鐘。在一份近期論文中，一組知名的科學家團隊做出結論，表示心理病態檢測量表應該「不要以任何合理的精準或正確程度，預測個體是否會從事嚴重的制度暴力，尤其是在針對法律議題，例如死刑判決做出高風險的決定時」。另外的問題是，對大多數人來說，我們對他們的人格並沒有那麼了解，不足以做出判斷。在使用關於人格及犯罪的研究結果時，沒有一種大家都能接受的方式，更別提強迫每個人去做人格問卷，進行精神科檢測，而且或許向他們收取數百美元去掃描他們的腦部。

這不是唯一的顧慮。當人們談到人格特質及疾患，他們經常用這些來排擠他人，把他們貼標籤，例如不知悔改，以及改不了的人魔漢尼拔。不過有越來越多的證據顯示，這些特質，包括冷漠無情特質在內，可以透過介入改變。比方說，有一項涵蓋五百五十一個家庭的研究，把家裡有嚴重問題行為青少年的父母，隨機分派各種不同的介入計畫。他們發現令人信服的證據，顯示有一份綜合性教養計畫，透過十二次每週課程促進有效率的教養技能，對於青少年的冷漠無情特質產生重大的影響。另一項研究找來約一百名義大利孩童進行，特色是一套雙重傳送系統，把焦點放在孩童及父母教養兩方面。孩童的部分聚焦在目標設定、學習技巧、辨識不同的情緒、設法解決怒氣、加強換位思考，以及設法解決同儕壓力。在父母的部分，焦點是放在增加正向注意力、適當獎勵孩子的行為、建立並執行適當的規則及期望、改進家庭裡面的溝通，以及甚至是減少他們自己的壓力程度。這項研究發現明顯的證據，顯示治療介入計畫減少了孩子冷漠無情的特質及具侵略性的行為，不只如此，這些家庭在接下來的一整年，使用了較少的心理健康服務，意味著這項計畫實際上具有，套用作者的話，正向的經濟意義。事實上，各種不同的其他研究也發現，大有可為的介入計畫可以減少冷漠無情的特質，以及具侵略性的暴力行為，我們因此了解我們先前以為是永遠不變的特質，或是注定某人一輩子都會犯罪的特徵，在正確的情況下其實令人意外地具有可塑性。（我們稍後會回到這一點，當我們更深入討論不同的治療形態，如何驚人地成功對付成人及孩童的犯罪行為及損害行為。）

說到法律及道德，社會科學提供了幾個關鍵重點。首先，法律對人類行為的影響，不只是與道德無關的理性選擇，或者甚至是與道德無關的非理性選擇。它深深存在於人們審慎思考、直覺回應或是抑制道德感的方式。很顯然地，人們的個人道德、價值及特質直接影響了人們如何對法律做出回應。正如巴伊蘭大學（Bar-Ilan University）法律學教授尤瓦爾・費爾德曼（Yuval Feldman）在他所著的《好人的法律》（*The Law of Good People*）一書中說明，要法律去改進行為的話，它必須強調道德感，而為了要這麼做，法律必須讓人們在破壞法律時，不可能感受到這是有道德的事。

第二個核心見解是，當法律和人們已經有的道德觀密切合作，或是當它能說服人們，它提供唯一向前的道德途徑時，它的效果最好。相反地，當法規想要防止人們從事大家都認為在道德上可以接受的行為，幾乎是注定要失敗。

在此同時，法律必須明白，人們的道德推理能力有限，他們可能無法仔細考慮違反法規的道德觀，無論是在事前或事後。為了克服這點，當局必須運用行為道德的見解，把人們輕推向從事更審慎的道德決定。

最後的見解是關於表現出嚴重的臨床診斷精神異常，或高度冷漠無情特質，或者是心理病態特質的人。在所有的人口之中，總是會有少數人的道德感及特質是如此根深柢固，以至於我們可能也無法多做什麼去改變他們。不過那只是極少數的人。介入計畫設計的研究相當清楚地顯示，甚至在那些具有極高度冷漠無情特質的人之中，治療及介入不只行得通，而且能真正奏效。法律難以滿足人們的道德感及個人特質，不過這是完全可能的事。

Chapter

5

公民服從

一九三〇年四月六日，聖雄甘地製了鹽。在位於西印度阿拉伯海岸的丹迪村（Dandi），他涉水到海裡，取出一團爛泥，然後開始用海去煮它。

甘地走了很長的一段路，來到這個海邊。他在三月十二日出發時，有七十二名追隨者，經過了一個又一個的村莊及城鎮，他們從他位在薩巴馬蒂靜修院的鄉村住所，走了二百四十哩路，來到了海邊。在每個地方都有更多人加入甘地的遊行，直到他抵達海邊時，跟在他後面的人龍延伸了兩哩長。數千人看著甘地違法製鹽。

那年稍早，甘地發表了他的印度獨立宣言。他知道他需要煽動大型集體行動，才能讓他的所言成真。他想找到一種號召力，讓印度人能團結起來，對抗英國殖民統治者。他在一八八二年印度食鹽法案中，找到了一個。這項法規命令所有的食鹽收集及製造，都要在殖民政府的完全控制之下。這意味著印度食鹽製造者只能透過政府的食鹽補給站販售他們的商品，而且還要付高額的稅金。這條法律是採用一世紀以來，針對地方食鹽製造的高額殖民地稅收及限制，首先由英屬東印度公司控管。從一八五八年起，當英國政府接手殖民統治，成立英屬印度時期時，便由其接管。

幾十年以來，印度人不斷抵抗食鹽的限制，對許多住在沿海地區的人來說，礦物質是容易取得的收入來源。對其他人而言，鹽是不可或缺的，不只是調味品，也是必須在印度炎熱又潮濕的氣候下辛苦勞動的數百萬人，在飲食中必要的礦物質。非法製造的食鹽走私變得如此氾濫，當局最後沿著製造食鹽的孟加拉省西側邊界，造起一道長達二千五百哩、以帶刺樹木及灌木構成的圍籬，再派一萬兩千人守衛。食鹽限制及課稅也招來廣泛的批評。前往印度的殖民議會代表主張，這套系統不公平，應該修正或從根本改變。

甘地的一九三〇年食鹽遊行，變成了他的非暴力集體行動運動中的顛峰。食鹽稅象徵他在對抗的壓迫性殖民法規。在他的方法中有一項重要的元素，就是公民不服從。他打擊迫害的方法是拒絕服從迫害者的不公平規定，打造了在後世的抗爭中，許多人效法的典範。最明顯的例子莫過於發生在一九五〇及一九六〇年代，美國的民權運動。就像甘地一樣，羅莎．派克斯女士及馬丁．路德．金恩博士違反法律，示意法律更廣泛的不正義，以及支持它的那套體系。

實施壓迫的法律和本書的探討目的恰恰相反。我們探討的法律是為了有助於實現合法權益，例如減少汙染、不安全的工作條件、性騷擾、交通意外，以及暴力犯罪。然而，就算當法律有助於實現合法權益，不過人們對於感覺有多少義務要遵守法律，還是有所差異。有些人可能認為，我們應該總是至少要嘗試守法，無論是否強制執行，或者個人是否同意法律規定。其他人可能比較不覺得有全面的責任或義務要服從法律。比方說，他們可能認為假如其他大多數人都違法，假如沒有真正的制裁，沒人會知道，或是不造成任何傷害的話，那麼照做應該也沒關係。

公民服從對於法律如何塑造人類行為，可能造成重大的影響。具有較高的公民服從意識的人，也會比較傾向於遵守法律規則，這似乎很合理。當人們擁有較高的公民服從意識，他們似乎就會遵守法律，即使在有限的強迫執行之下，即使要付出很大的代價，即使其他大多數的人都違法，即使他們不必然贊同法律，他們會出自義務感而守法。這是法律！而且因為這是法律，大家必須遵守它。

公民服從是行為密碼的一個重要部分，在我們目前討論過的所有其他機制都無效時，這是一種法律可以仰賴的萬全選項。反之亦然，公民服從就像是危險的先兆，可以發信號示意法律無法達到目的，不再有助於實現合法權益了。

人們如何培養公民服從

在過去八年來，我們研究人們為何覺得有義務遵守法律。起初，我們認為可以用國情來解釋。我們在包括美國、以色列、荷蘭及中國的跨國研究中，期待會找到各種國家的差異，尤其是中國。因為中國並未建立民主法規，我們假定在那裡，人們對於服從法律的義務感會來得比較低。

我們錯了。我們的研究揭示，中國的人民和美國、以色列及荷蘭的人民一樣，覺得有義務要遵守法律。撇開國情不談，某些個人特質說明了人們為何覺得有義務要守法。比方說，我們發現人格很重要：越誠實及謙虛的人會表達出有更多義務要守法。我們看到比較投入道德議題的人，覺得更有義務要守法，並且具有較保守政治取向的人也是。在一份青少年及其父母的研究中，或許最具啟發性的是，我們發現當父母覺得更有義務要守法，他們的孩子也會如此。從這些後來的研究發現中，我們開始明白人們的公民服從，他們遵守法律的義務感，可能是他們透過學習以及社會化的結果。為了證實我們的研究結果，我們探索資料庫，找出一些不可思議的研究，幾乎有半世紀的悠久歷史，而且可說無人知曉。

在一九七〇年代，研究者開始問所有年紀的孩子們，從幼稚園到大學，他們認為法律及規則是什麼。這個概念是查明，我們的規則感知如何隨著年紀增長而改變，因此研究者提出許多範圍廣泛的問題，像是「規則是什麼？」或是「假如沒有法律，會發生什麼事？」。

在數據中產生了令人驚嘆的模式。研究者發現，年紀較小的孩子傾向於把規則視為禁止某些行為的特定禁忌。年輕的孩子遵守規則，因為他們服從當權者，也因為他們只是不想受罰。他們對於規則具有研究者所謂的**避罰服從**取向。而且因為年紀較小的孩子太害怕受罰，對於改變他們的不當行為來說，誘因和懲罰都很重要。假如你要防止年紀小的孩子違反規定，誘因和懲罰絕對會有幫助。

不過當我們的年紀範圍從孩童進入青少年，這種取向開始改變了。隨著認知發展、社會技能發展以及經驗，我們開始越來越少出自害怕或受罰而遵守規則。我們的想法從「服從與懲罰」觀點轉變為「法律與秩序」觀點。尤其是青少年開始認為，與其單純禁止某些行為，規則是用來引導「好的」行為，防止失序。對青少年來說，服從規則成為我們共同追求維護社會的基礎；大部分青少年認為，少了規則就會帶來混亂。更嚴重的是，當我們成為成人，我們有絕大部分的人甚至更不會出自害怕或受罰而服從。到了大學，只有百分之二十五的人會單純要避免負面後果而遵守規則。當我們變得成熟，我們大多失去了這種懲罰取向，而是採取更崇高也更世故的責任感來遵守法律。

這些研究結果告訴我們，服從法律的責任感隨著發展而改變，不過它們也告訴我們，在成人之中，對於遵守法律規則的責任感還是存在著個人差異。但是研究結果並未真正告訴我們，是否有可能加強人們的責任感。我們不能只是等待人們年紀增長，希望他們遵守法律的責任感會加強。我們的法律也不能只仰賴具有高度責任感的成年人，並且只是滿足那些誠實又謙虛的人。

耶魯法學院的心理學家湯姆．泰勒（Tom Tyler）在這方面或許能提供協助。泰勒首先評估，和其他因素相比，例如懲罰的威脅（嚇阻）或同儕認可（強制性社會規範），人們對守法的責任感和服從的關係有多強。我們可能憑直覺得知，嚇阻及社會規範會是最強大的力量，然而泰勒發現，最具影響力的是這種責任感。換言之，人們的服從比較依賴他們是否覺得有責任要守法，而不是因為懲罰。

這時他分析人們對守法的責任感，如何與人們感知司法系統有關聯。他發現，人們對司法公平與公正的感知，塑造了他們對於守法的責任感，從而產生服從。人們越覺得這套系統公平又公正，他們便越覺得它是合理的，而他們越感覺它是合理的，就越覺得有責任要守法。

泰勒的理念是，人們對於司法系統公平及公正的觀點，較少仰賴它的結果，而是在於過程，在立法者、法院及執法如何達到這樣的結果。因此即便人們輸了官司，假如他們認為過程公正又公平的話，可能還是會接受並且服從裁決及法律。他的核心理念是**程序正義**，也就是過程的公正與公平，對於強化人們遵守、進而服從法律的責任感，非常重要。結果是，過程遠比取得有利的結果來得重要。

泰勒分析是什麼塑造了程序正義。他的第一個結論是，當局需要容許公民在程序及決策制定時，能夠表達意見。即便我們的貢獻並未改變法律程序的結果，我們的參與強化了我們的程序正義感知。其次是，當局必須誠實對待民眾，不能背叛他們的信任。第三，當局能以尊重的態度對待人民，藉此強化程序正義。最後是，當局必須保持中立，這需要立法者、執法者及法官以平等、公正，並且不受個人意見左右的態度對待人民。

當泰勒在他的著作，《人們為何遵守法律》（*Why People Obey the Law*）中報告他的初步研究結果時，他建立了研究的全新領域，重點放在了解程序正義及遵守法律的責任感，為何對確保服從產生影響。大多數研究都聚焦在犯罪司法系統。比方說，在一項針對男性少年犯罪者的大規模研究，也稱為「十字路口研究」，加州、路易斯安納州及賓州的研究團隊，找出一千兩百多名首度遭到逮捕的男性。他們在這些人遭到逮捕之後，立即追蹤他們，然後多年來固定和他們進行訪談，詢問關於他們生活中的一切。他們發現的是，在形成這些年輕人的犯罪行為中，正當性經常比自我控制、種族、社區、家庭，以及社會經濟環境，來得更重要。

這些不只是孤立的研究。來自庫茲敦大學（Kutztown University）刑事司法系的格蘭．華特茲（Glenn Walters）及柯林．博爾格（Colin Bolger），對這種研究結果進行最新的系統化探討。他們回顧在一九九〇年到二〇一八年之間發表的六十四份研究，包括在美國、英國、荷蘭、澳洲、以色列、加拿大、匈牙利、希臘及奈及利亞進行的研究。他們的總體結論是，在這些不同的研究中，整體數據壓倒性地顯示，人們越注意到他們的刑事司法機關公平且公正，越意識到它們是正當的，並且覺得有責任要服從它們，他們就越不可能從事違法行為。

在各種不同領域的學者也發現極為類似的研究結果。有一項針對派駐在伊拉克的美國軍人及某個大都會警局的員警所做的研究發現，這些軍人及員警越認為他們的機關具有程序正義，他們就越認為它們具有正當性，他們越覺得有責任要遵守他們的規則，他們就越有可能服從那些規則。另一項針對丹麥農人的研究發現，相較於像是懲罰的威脅、法律規則的意識、服從的能力，以及服從的代價等因素，農人遵守法律的責任感是他們服從環境規範中，最強大的預測因子之一。

研究各類事物，像是福利詐欺、逃稅，甚至是澳洲養老院的跨學科學者，做出了相同的結論：遵守法律的責任感是強化服從的一大力量。事實上，當柏克萊加州大學公共政策及法律教授羅伯特・麥考恩（Robert MacCoun）回顧這個題目的七百多份研究時，他發現程序正義在範圍廣泛的行為中，不斷塑造和當局的服從及合作。

在所有的這些研究中，我們看到公民服從及順從之間有明顯的關聯。唯一的問題是，事實上這些研究全都互有關聯。正如俗話說，相關不代表因果。幸運的是，有些實驗研究提出了因果證據。比方說，以艾德・麥奎爾（Ed Maguire）的研究為例。這位亞歷桑納州州立大學的犯罪學家及其同僚錄製了模擬的攔檢影片。他們隨機分配二百二十六個人觀看三個版本的影片之一。在這些影片中，唯一的差異是警察如何與駕駛溝通：正面（程序正義）、負面（程序不正義），或是中立（既非正義也非不正義）。然後他們問這些人，他們會有多少意願和警察合作，他們會覺得有多少責任要服從警察，以及他們有多信任那名警察。

麥奎爾及其同僚發現明顯的證據，警察在與人們接觸時的對待方式，對三種結果都有影響：影響的程度造成人們願意和警察合作，覺得有義務服從警察，以及表達信任警察。當人們觀看程序正義的接觸，他們比較可能信任員警，並且合作及服從。這項研究結果說明，即使是間接感受的經歷，例如觀看他人和警察有公平又公正的攔檢互動，對我們也會造成影響。

在另一項實驗中，三名愛爾蘭的稅務學者，伊蓮・多伊爾（Elaine Doyle）、基藍・蓋勒利（Kieran Gallery）及瑪莉・寇伊爾（Mary Coyle）試圖了解寄送催繳函給逾期報稅的愛爾蘭納稅人，會有什麼效果。他們比較三種不同信函的成效。第一封是標準信件，內文說明納稅人逾期了，他們該做什麼，以及如果不遵守的話會面臨起訴。第二封信的版本和第一封相同，但是具有較正式的用字遣詞，也更強調懲罰的部分。最後一封信著重在程序正義，尤其是當局尊重納稅人（表達他們相信納稅人是誠實的，以及他們可能不知道自己要報稅），並且讓他們更深入了解當局如何做出他們的決定。他們發現，和一群逾期卻未收到催繳信的申報者相比，這三封信都催出了更多的納稅申報書。不過在這三封信之中，暗示程序正義的信函催出了最多的申報書，有百分之三十，標準信是百分之二十五，而威嚇信是百分之二十。

我們找到了答案。人們如果具有強烈的公民服從感，以及強烈的服從法律責任感，會比較可能遵守法律規則。他們會這麼做，甚至是在有限的執法情況下，甚至當其他人違法，以及甚至在他們本身並不必然贊同法律時，對公民服從來說，程序正義是重要的先決條件。

不過當法律機關並未以程序正義的方法行事，我們該怎麼辦呢？

德瑞克．賽勒斯（Derrick Sellers）是美軍陸戰隊的退伍軍人。賽勒斯在路易斯安納州的伊比利亞教區監獄羈押中。某個晚上，獄警押著他前往無人的大廳，進了一間接見室，在那裡有一群警衛把他壓制在地上，拿辣椒噴霧劑噴他的臉，用他們的手、腳、膝蓋及金屬物品毆打他，而這一切的原因不明。這頓毒打如此殘暴，以至於他們打斷了他的左側顴骨，並且刺進了眼窩，直到今天，他再也無法看得清楚，並且承受和腦部受傷有關的頭痛及定向力障礙之苦。幾年後，賽勒斯和伊比利亞教區監獄達成和解，獲得二百五十萬美元。這是到目前為止，這個機關遭到數十次控訴，求償超過六百萬美元以來，這類支出之中最大的金額。（那只包括公開披露的金額，實際數字還要更大，因為有許多訴訟案件是以「未公開」的金額和解。）

伊比利亞教區警長的辦公室成了惡名昭彰的腐敗部門，警官凌虐及違法的事件猖獗，他們表現得彷彿自己凌駕於法律之上。比如說，有三名警官，包括緝毒幹員韋德．伯吉朗（Wade Bergeron），在某天晚上舉辦下班派對。他們喝得醉醺醺，決定離開派對，去找人痛打一頓。他們遇上兩名黑人男性，分別是十六歲及二十一歲，然後毆打他們，因為，如同伯吉朗所說：「那是我們最先遇到的人。」後來他們告訴了警長路易．厄卡爾（Louis Ackal），他不當一回事，說那「聽起來像是『修理黑X』一頓」。據說警長和其他長官告訴他們要撒謊，堅持不曾參與毆打事件的說法。

厄卡爾警長的副手中，總計有十位在聯邦法庭上，對於起訴的罪名，包括違反聯邦民權、做出不實陳述以協助掩飾攻擊，以及固定竄改事件報告以證明過度暴力為正當行為，均表示認罪。這些事件引起了極大的餘波。隨後針對警官調查的結果，有超過一百起刑事案件遭到拒絕受理，還有超過七百起其他案件可能受到影響。

這一切顯示一套破碎不堪的系統，多年來，警方能犯下殘暴罪行而不受罰。這顯示在這套系統中，執法人員、典獄長、檢察官及法官並未提供程序正義或公正性。相反地，他們成了不正義的梁柱。美國人在每週，甚至是每天看到警方殺人及暴行的新影片。已故受害者的姓名深深地印在大眾的心裡。而且幾乎在所有的案件中，施暴的警官不曾面臨嚴重後果，也難得遭到起訴，更別提判刑或坐牢。

這些事件破壞了大眾對執法單位及司法系統的整體信任。殘酷的事實是，研究者在二〇一九年發現「大約每一千名黑人之中，有一名可能遭到警方殺害」。更具體地，黑人男子更可能遭到警方殺害的機率，是白人男子的二點五倍，黑人女性的可能機率是白人女性的一點四倍，美國印第安人及阿拉斯加原住民的男性及女性和他們的白人對應者相比，可能機率落在一點二到一點七倍之間（男性），以及一點一及二點一倍之間（女性）。

這並不令人意外，大眾最多就是懷疑執法單位，最糟則是對他們心生畏懼。不幸的是，看來問題似乎每況愈下，即使是在年輕人之間。在一份研究中，亞當利用了來自每年調查約五萬名高三學生的監測未來研究數據。這些數據獨特的地方在於，調查是在美國本土下四十八州的學校進行。或許更重要的是，它們完全匿名，因此青少年能感到自在地說實話，表達他們對執法有什麼感覺。

使用來自十年以上的數據，亞當及其同僚檢視在近年來，青少年對執法的看法是否有所改變。我們的發現令人感到沮喪，但並不令人意外：在近年來，年輕人對執法的看法急速下跌，來到幾十年來的低點。最劇烈的下跌是二〇一四到二〇一五年間，就在這之中的九個月期間，全國不斷受到驚嚇及震驚，因為警方殺害了五名黑人男性：艾瑞克・加納（Eric Garner）、麥可・布朗（Michael Brown）、伊賽爾・福特（Ezell Ford）、華特・史考特（Walter Scott）以及塔米爾・萊斯（Tamir Rice）。這些數據揭示的是，這些警方殺人案引發了各界對執法的批評聲浪，而且幾乎破壞了大眾對執法機關的信任，以及對美國程序正義的整體觀點。

事實是，數十年來，社區層級的程序不正義在人們對法律機關及法律體系的觀點，留下了深刻又持續的衝擊。研究發現，西班牙裔及拉丁裔的年輕人對於執法機關的感知，從九歲起開始下降，而黑人年輕人對執法機關的感知，開始下降的時間甚至更早，從七歲就開始了。我們知道這之中有持續性，假如你在年輕時對執法機關發展出不足的感知能力，當你年紀增長，你很可能會維持這種感知能力。

這些不只是警方的問題。美國法律系統在如何實施法律時，充斥著程序不正義的做法。紐約有一名移民法法官許可百分之六的申請案件，而某家大學的許可比率為百分之九十一。同樣的問題存在於法官如何判決社會安全身心障礙爭議要求：有些法官在法定應得權力方面，有百分之十的機率會推翻行政決定，而其他法官的推翻機率是百分之九十。一項針對這類研究結果的探討，在美國當局如何決定專利申請、在養老院執行聯邦醫療補助、在虐待及疏忽兒童的案例中取消父母監護權，以及處理核安檢查方面，發現類似的不一致現象。這項清單的項目不計其數。在這些重大法律決定的這種不一致，能輕易破壞人們對於法律系統程序正義、公正性及平等性的感知。

我們也能找出促成程序不公正的高等法院案件。一個明顯的案例是一九八七年的麥克萊斯基對坎普（McCleskey v. Kemp）案。在這個案子裡，一名因謀殺罪名遭判處死刑的黑人，麥克萊斯基的律師主張，法官判處死刑的過程出現系統性種族主義。他們提出令人信服的統計證據，顯示殺害一名白人比殺害一名黑人的被告，有四點三倍的機率更有可能被判處死刑。法庭不只拒絕接受統計數據做為實質證據，准許撤銷判決，它甚至主張，就算它接受這份證據，仍然不夠，因為在麥克萊斯基的特定案件中，它無法顯示法律蓄意及有意識的偏見。普立茲獎得主及紐約時報專欄作家安東尼．路易斯（Anthony Lewis）表示，法庭「在我們法律的各方面，實際縱容種族主義」。而且藉著這麼做，高等法院無法使用這個明顯的機會，在運用法律做嚴厲的懲罰——死刑之際，修正目前的偏見及程序不公正。

系統化程序不正義嚴重破壞對法律的順從，並且滋養犯罪。所以我們接下來該何去何從？

更好的執法行動？

二〇一五年，歐巴馬總統召集了二十一世紀警政專案小組。這個專案小組由費城警局局長查爾斯．朗西（Charles Ramsey）及喬治梅森大學犯罪學家羅莉．羅賓遜（Laurie Robinson）共同主持，目的在強化社區治安維護，以及執法人員及社區之間的信任。這個小組的諮詢對象有執法機關、學術界、專業顧問、年輕人及社區領袖，以及非政府組織領導人。在九十天的期間，它找出「最佳治安做法，並且提供那些做法如何能有效促進犯罪率降低，並且建立公眾信任的建議」。

專案小組提供清楚的指引，說明如何改善維護治安的做法，因為這是建立社區信任的重要先決條件。內容包括了警方應該抱持「守護者」而非「戰士」的心態。這意味著他們需要透過與社區的夥伴關係，察覺自己是保護市民的人，而非對抗邪惡的犯罪打擊者。

凱爾．麥克林（Kyle McLean）及其同僚針對兩處警局進行調查。這兩者位在差異極大的管轄區中，一個在美國西南方，一個位於東南方。他們要評估這些員警認為自己是戰士或守護者的程度。為了測量員警對自己的看法，他們要求這些人以九項陳述，評定自己的同意程度，其中包括這兩項：「身為警察，我的首要責任是保護居民的憲法權利（守護者心態）。」「身為警察，我的首要責任是打擊犯罪（戰士心態）。」

麥克林及其同僚的發現十分有趣。首先，警察擁有戰士**以及**守護者的心態，是完全有可能的。然而，警察到了哪種階段會產生守護者心態，這點非常重要。他們越覺得自己像守護者，越不會支持執法不當行為，在與人們互動時，也越會把程序正式放在優先地位，包括做一些像是「說明（某人為何）和該名對象接觸」、「有禮貌及有尊嚴地對待該名對象」、「容許該名對象說明他的立場」，以及「向該名對象說明（警方）決定的理由」。麥克林及其同僚做出結論：「這時守護者心理或許能使得警察更可能以更具程序公正的態度，對待這些對象。」

這帶來了希望，新人員招募策略及訓練把重點放在警務執行的守護者心態，能夠改進程序正義以及和社區的關係。我們還沒有實驗性證據能概括主張，召募較傾向於守護者心態的新進警務學員，可能減少有問題的警務執行。我們也沒有證據顯示，改變守護者心態的文化可能減少有問題的使用武力事件。儘管如此，這些研究結果仍充滿希望。

瓦茲是洛杉磯的一個社區，當地居民面臨活躍的幫派活動。民權律師稱這個地區為「最冷酷無情、暴力根深柢固的社區之一」。在二〇一〇及二〇一一年，管理瓦茲國宅開發的洛杉磯房屋委員會（Housing Authority of the City of Los Angeles）委任都市和平發展計畫，透過訪談、調查及焦點團體，找了九百多位居民，檢視他們對於幫派暴力及當局的觀點，以及他們在自己的家裡感覺有多安全。結果糟透了，以至於洛杉磯房屋委員會承認要立即採取行動，加強居民及社區的安全、保護及福利。

洛杉磯警局局長查理·貝克（Charlie Beck）、康妮·萊斯（Connie Rice）（經常控訴洛杉磯警局的民權律師）、市長詹姆士·哈恩（James Hahn）、聯邦地方法院法官蓋瑞·費斯（Gary A. Feess），以及改革團體攜手合作，打造一個解決方案。他們設法設計一個「關係取向」的警務模式，即便以某位民權律師的說法，瓦茲是「一個社區及執法機關在歷史上處於情勢緊繃的地方，一種持續數十載的動力」。更直白地說，這個社區的歷史經歷了制度性及猖獗的種族歧視者、心存偏見，以及不公正警務。

這群人打造了洛杉磯警局的社區安全夥伴關係單位。由於意識到他們將會要求「悲慟的父母……同意加入那些曾經在毒品或幫派戰爭中，殺害他們子女的警方」，這個新單位的成員以一名警官對過去警方違規公開道歉，展開他們的任務。然後，瓦茲的社區領導人開始和他們在地方領航員計畫一起合作。正如貝克局長及康妮·萊斯在二〇一六年的回顧中寫道：

把它叫做守護者警務、信任警務、問題解決警務、關係取向警務、社區警務，或是合夥關係警務。許多名稱分享一個願景：有人情味、同情心、富有文化的警察，懷抱尊重的心態，不懼怕黑人，服務的時間長到足以認識居民的姓名，說他們的語言，並且協助改善社區。我們相信這個方法能減少不當警務，支持執法以及增進大眾安全。我們努力證明，在十五年之後，我想我們做到了。

獨特的是，這個單位努力多年，透過參與各種社區活動，包括像是開辦農夫市集、實施一個國宅群的第一支女童軍團，以及為孩童成立體育聯盟，包括來自四個住宅群、年紀為九到十一歲的兒童足球隊等，建立起和居民之間的信任感及關係。在其他的大城市，很少有員警能徒步巡邏，而且在打招呼時叫得出居民的姓名。在這個新單位成立之前，根本沒聽過有員警能因為示範「影響力」而升官，不是透過逮捕人數，而是藉著顯示他們如何改變出獄的孩子，以及他們怎麼做來增加大眾對他們的信任。核心方法是「避免破壞信任的傳統壓迫策略」。

這項計畫的結果令人印象深刻。它不只和社區打造更好的關係，同時也減少犯罪。在第一年，社區安全夥伴關係單位擁有警局最大幅的犯罪降低率，而且引人注目地，此後一直維持犯罪率下降。在計畫啟動之後兩年，每年不斷發生謀殺案的住宅區連一件命案也沒有。在瓦茲，有超過五年不曾發生任何有員警涉入的槍擊事件。對於一個具有種族歧視政策及慣例、聲名狼藉的部門來說，這些都是強大的成果。

先前多次控告該部門的民權律師寫道：「這項成功深具改革作用。不僅暴力犯罪率驟降，逮捕率也減少百分之五十，老百姓告訴訪客，他們感覺更安全，也認識並信任成為社區日常風景一部分的警察。」研究並未量化該地區的偏見或不公正警務究竟衰退多少，不過和當地居民及利害關係人大量定性訪談的意涵顯示，在這項計畫中受訓的洛杉磯警局員警大幅改善了他們和少數社群的關係。正如民權律師萊斯的說明：「居民熱愛這項計畫，希望它能回歸，他們想要它更進一步實施。」由都市研究所及洛杉磯加州大學的研究者進行的獨立研究發現，這項計畫減少犯罪率，改善了警務執行。

總之，我們還不完全明白如何在制度的層面，減少具偏見及不公正的警務，但是富有希望的方法正在逐漸出現。加州大學爾灣分校的犯罪學教授艾蜜莉・歐文斯（Emily Owens）及其同僚發現，西雅圖員警的程序正義訓練具有卓越的效果。他們在一項專為協助員警與市民接觸時，「減緩」他們的思考過程所設計的計畫，進行一項隨機控制研究，發現員警隨後以逮捕解決事件的可能機率，減少了大約百分之十二，象徵整體出現較少的不必要逮捕行動。不只如此，和控制組的員警相比，這一組的員警涉及使用暴力事件的機率，也減少了百分之十六到五十。

其他國家也出現證據。來自澳洲昆士蘭大學的蘿倫・馬茲羅爾（Lorraine Mazerolle）進行這個領域中的首度大規模隨機對照試驗：六十處規劃好的路障隨機分派，使用程序正義處理條件或「一般事務」的方式來執行警務處置。總的來說，警察在每個地點攔下了三百到四百輛車，在實驗條件下，交通警察使用專注在程序正義元素的劇本，包括鼓勵市民參與及發表意見，並且以帶著尊嚴及尊重的態度對待他們。他們發現，程序正義方法會帶來更好的結果，包括對警察有進一步的認識，以及對警方整體具有更高的滿意程度。

到目前為止，我們在如何有效改進警方與社區成員互動方面，有少數高品質的研究。不過這之中有個明顯的問題：在某座城市的地區或許有成功的希望，但是在城市（或者國家）的其他地區，不當執行警務依然威脅整體的進步。某些員警可能改善了他們的行為，但是其他員警的行動會徹底破壞任何進步。假如我們回到洛杉磯警局的社區安全夥伴關係，我們會發現這方面的明顯證據。就定義來說，只有某些洛杉磯警局的員警，也就是參加社區安全夥伴關係單位的那些人，在這項社區導向警務策略中受過訓練。社區成員、居民，以及甚至這個單位裡的某些員警都表示，其他洛杉磯警局單位較具侵略性的警務風格，會危害社區安全夥伴關係單位打造的進步。就算付出最有希望的警察部門改革努力，這依然是個大問題。這些的範疇與規模都太小了，任何地方的某件不正義事件都會威脅到每個地方的程序正義及正當性。儘管有無數的努力及某些具希望的結果，在處理什麼是更深入的制度議題上，我們只觸及到問題的表面而已。

有一些理念是關於在警察部門的範圍之外，執行法律的其他領域時，如何改進程序正義。在史丹佛法學院任教的丹尼爾・何（Daniel Ho），針對華盛頓州金郡（King County）的餐廳食品安全措施進行研究。那裡的食品安全檢查有太多的任意性，有些檢查員嘗試比較親切的風格，目的在說服及教育商家順從，而其他則表現得比較像是嚴厲的警察。為了改善情況，減少獨斷獨行的檢查，何展開一項實驗，隨機將檢查員分配成兩組。第一組是控制組，照平常的方式進行檢查。第二組會展開同儕審查，每位檢查員會有一名同儕檢查員伴隨，兩人會寫出各自獨立的檢查報告。每一週，同儕小組的參與者會被要求填寫匿名調查報告，解釋和他們的夥伴報告的分歧，同時也說明他們學到了什麼。他們安排每週舉行的小組會議，同儕小組檢查員會以編碼及風險評估，討論意見不同處。這項實驗的效果卓越，在進行研究的十五週內，同儕審查小組的一致性程度大幅提升，幾乎達到了百分之五十。

改善法律系統的程序正義是第一步，以確保我們的法律能帶來公民服從。這是到目前為止最困難的一步。它經常意味著應付兩方面的壞蘋果：從事或支持程序不公正的個人員警，以及他們存身的大木桶：警察部門及更廣義的支持、保護，或是為這種不良執法做法找藉口開脫。到目前為止，我們在本書中討論的一切，都是用在這個複雜的問題上，因為我們可以考慮使用討論過的所有行為機制去改善行為，不只是潛在的法律破壞者，還有執法的官員們。

不過即便當那些執法者停止暴虐、歧視及專斷的行為，這並不表示人們能夠感知法律系統以公平及公正的方式運作。因此一旦法律機關改善真正的程序正義，就該進行第二步了：建立對法律機關的信任。

在幾十年的濫用之後，要建立信任不容易。在某些社區，它可能和飽受戰火摧殘的國家所經歷的過程一樣艱難。多年來的制度化種族歧視、暴力壓迫，還有曼德拉獲釋並且隨後於一九九四年當選總統，在南非留下尚未痊癒傷口的努力奮鬥，無法輕易地抹滅。為了癒合這些傷口，在種族隔離國家的廢墟之上建立一個新社會，南非投入了所謂的**真相與和解**過程。它設立了真相與和解委員會，安排公聽會，由受害者證明他們所承受的苦，而加害者可以申請特赦，假如他們同意承認自己的行為。有七千一百一十一名加害者提出這種特赦申請，其中有八百四十九名獲得特赦。

真相與和解過程在南非進行得並不順利，有部分是因為這項計畫並未有效地結合對最惡劣的犯罪者的懲罰，它打造出一個許多人想模仿的模式。這個模式顯示，重要的是要有一個過程清楚辨識發生了那些傷害，並且容許受害者表達他們的哀慟，也讓加害者承認他們在這些傷害中的角色。這個過程確保了關於不正義及潛在肇因，有清楚及公開的資訊，因此它們能用在改革上，並且能透過起訴對付最嚴重的罪行。但是對於想重新獲得對當局的信任感的社群來說，這個過程也非常重要。

在這種過程中，道歉必不可少。每當當局發現一項重大錯誤的證據時，他們必須公開認錯，廣泛、公開及透明地溝通。當機關首長想透過公開道歉和社群和解時，他們必須將道歉搭配承認責任來進行。為了重新建立信任及自信，至些機關必須不能否認問題，或者迴避起訴犯罪者。那會進一步拉開社群及當局的距離，很可能會破壞服從法律的責任感，並且促進不服從。

公民服從是行為密碼的重要支柱。當人們覺得有責任要服從法律，他們會這麼做，即使在有限的執法行動之下，在他們要為此付出代價，以及當他們看到其他人違法時。現在我們知道，這種服從和對於人們如何看待法律運作的公正性有直接關聯。法律系統越公正，人們就不只會覺得有責任要服從法律，而是實際上也會順從它。

這提供了一種雙贏的局勢。我們能有更有效的法律來保護我們免於傷害，同時也有更公正及更公平的法律。在美國，由於有地方形態的程序不正義，不只是在警務執行，還有日常生活及法庭上的法律應用都是，改善程序正義是基本需求，實踐這個國家對法治的承諾以及民權的保護。

看起來似乎沒人會反對這個理念，然而反對的人不在少數。有時當警察扮演守護者時，他們會受到責難，或者甚至是在充滿了戰士心態成員的警局裡，遭到正式的懲處。這就是發生在西維吉尼亞州，威爾頓警局的史蒂芬・麥德（Stephen Mader）警官身上的例子。他決定不要對一名喝得醉醺醺，希望警察協助他自殺的人開槍。當英勇的警察局長，像是鳳凰城警局的傑瑞・威廉斯（Jeri Williams），開除濫權、徹底的種族主義，或是暴力的警官，他們會面對局裡的基層及警察工會的阻力。在這一切之下，有一種錯誤假設，也就是較強悍的執法行為能導致較少的犯罪。不過，正如我們現在所知道的，濫權執法破壞人們的公民服從，而且它會侵蝕他們服從法律的意願。

很顯然地，在擁有程序公正及有效的執法行為之間，並沒有牴觸。對於「黑人的命也是命」運動的關注，應該和社群對於犯罪的關注完全不謀而合。當我們必須犧牲在某些社群裡某些人的權利及安全時，尤其是年輕的有色人種，以便據稱能保護其他人的權利與安全時，是不會有零和遊戲的情況發生的。事實上完全相反。這種案例最後會讓納稅人花費數百萬美元，減損可以用來強化公共安全的公庫總額。舉例來說，有三百名都是不公正及偏見警務執行下的受害者，他們是如何控訴費城市府，而市政府到目前為止，已經同意支付兩百萬美元的和解金。或者另一個在費城的案例是，州政府必須為了對青少年被告的損害，支付四百七十五萬美元，因為某位法官在他的法庭上進行聽證會時，蔑視他們要有律師在場的權利，並且收賄以交換不當判刑，把二千四百名青少年送往營利性觀護所。

為了讓法律能有一個反擊的機會，改變根深柢固的制度化不當行為，它必須學習專注在公民服從及正當性。要這麼做的話，在法律的設計及運作上，我們都必須以程序公正為中心。

Chapter

6

從衆而行

以色列海港城市海法的日托計畫有個問題。在每一家托兒所，大約有十位家長老是逾時接回小孩。這對托兒所的工作人員帶來不便，和幼兒纏鬥了一整天，到了最後，他們還被迫留下來帶十幾個小孩，直到他們的家長終於來了。這成了一個大問題，全市的托兒所和兩名行為經濟學者，尤里・葛尼奇（Uri Gneezy）及艾爾多・拉斯提齊尼（Aldo Rustichini）合作，要看他們能怎麼做以減少逾時接送。研究者進行一項實驗，在半數的托兒所採用新政策：逾時十分鐘以上的家長要繳交罰金。然後他們等著看罰款是否奏效。

出乎他們意料的是，他們發現結果和他們以為會發生的情況正好相反：托兒所對逾時接送加收罰款之後，開始逾時接小孩的家長增加了兩倍。

每當我們面臨不當行為時，這種做法對直覺懲罰來說，感覺很正常。設定罰款以減少不當行為，完全符合我們的懲罰直覺，然而在托兒所的案例卻完全適得其反。

葛尼奇和拉斯提齊尼感到困惑不解。從傳統的經濟學觀點來看，這種結果不合理。逾時的代價提高了，但是這並未說服家長準時過來。為了了解這究竟是怎麼一回事，他們明白他們必須尋求財務誘因之外的原因。

這種誘因的成本效益分析所遺漏的是，社會背景也有關係。在採用罰款之前，大家期待家長會準時抵達。家長假設托兒所、其他家長，而且或許甚至是他們自己的小孩，都會希望他們避免遲到。準時接小孩是正常的。家長每天都會看到大多數的家長很準時，那些遲到的家長會認為自己是例外。因此，在採用罰款之前，社會習俗驅使家長準時抵達托兒所。不過這一切都因為罰款而改變了。採用罰則削弱了社會考量。它把社會責任轉化成市場合約。與其把罰款視為懲罰以及讓他們準時抵達的威脅，家長很快便開始把它視為額外服務的付費。「我可以遲到，因為我付錢買你的時間。」正如葛尼奇及拉斯提齊尼適切地提及，在這種現象之中，罰款變成了獎勵。

更令人意外的是，托兒所取消罰款之後，逾時接小孩的家長人數依然是實驗之前的兩倍。到了他們取消罰款時，已經太遲了，損害已經造成。托兒所摧毀了準時抵達的舊有正向社會實踐，在不經意之間以新的負面社會實踐取代，也就是逾時接小孩是正常而且可以接受的。

人們是社會的產物，受到不成文規定的指引，支配什麼是社會上可以及無法接受的行為。這些社會實踐及習俗就是心理學家口中的**社會規範**。了解社會規範是解開人類行為，以及了解人們為何打破規矩的關鍵。要法律在有效改進行為方面更成功的話，它必須把它們也併入。

羅伯特・西奧迪尼（Robert Cialdini）是亞歷桑納州州立大學的頂尖心理學家，也是世界知名的行為影響專家。他研究國內最大的環境問題之一，試圖減少美國家庭的能源消耗。他和他的研究團隊走出實驗室，大膽嘗試，前往郊區大約三百戶人家的前門，懸掛關於能源節約的標語。每戶會隨機收到四則關於能源節約，非常不同的訊息之一。概括地說，這四則訊息如下：一、能源節約能幫助環境；二、它對社會有利；三、它能省錢；四、大家都這樣做。

再看一遍那些訊息，然後決定你認為每則訊息的效果如何。拯救環境的訴求能奏效嗎？我們都喜歡省錢，所以指向個人利益，表示減少能源消耗能替你省錢的訊息呢？那麼簡單陳述減少能源很常見的訊息呢？

掛上那些標語不久後，西奧迪尼及他的團隊訪談那些居民，詢問他們對於收到的訊息有什麼想法。收到第四則訊息，也就是上面寫著節約能源很常見的那些人，是最不相信這會減少能源消耗的人。大多數認為這根本沒有用。

這時西奧迪尼的研究團隊在接下來的兩週，測量每一戶的能源使用數據，並且發現收到第四則訊息的人大量減少了能源消耗。甚至最浪費的使用者也降低了能源消耗，而這一組的家庭平均每天減少一點二二千瓦時的消耗，這算很多了，大約和拔掉冰箱的插頭一樣多。

第四則訊息觸發了一種社會規範，**描述性社會規範**，告訴我們其他人怎麼做。一則表示期望行為很常見的簡單訊息，甚至能引發更多好的行為。當我們聽到其他人在有意識及下意識之中，做出某種特定行為，這種簡單又強大的訊息會迫使我們表現出相同的行為。

西奧迪尼及其同僚尚未完成工作。在接下來的研究中，他們把這個社區的平均能源消耗資訊給了這些家庭。這個想法是要向每個人**展示**，他們周遭的大多數人都在節約能源。

正如研究者所預期，告訴人們他們的鄰居節省多少能源，確實導致許多人也減少能源用量。可是不幸的是，他們發現對某個特定族群來說，這些描述性社會規範訊息的效果有限。能源使用的減少，只發生在那些明白自己的用量多過鄰人的人身上。對於使用量已經比鄰人還少的能源節約者來說，這讓他們知道，和其他每個人相比，他們的表現已經超出預期了。這時這些能源節約者會開始使用**更多的**能源，每戶每天平均增加零點八九千瓦時，大約是每天多洗十一磅髒衣服所消耗的能源。

研究者領悟到，只是告知人們，他們和鄰居相比的結果，會給那些表現超出預期者某種許可，使用更多的能源。為了解決這個問題，西奧迪尼把某種新東西添加到他和研究小組的那些參與者所分享的能源使用資訊表裡：表情符號。

對那些使用的能源低於平均數值的人，西奧迪尼給了開心的表情符號。那些使用太多能源的人收到不贊同的悲傷表情符號。這個超簡單又不貴的處理方法效果好極了。當他們收到一則合併訊息，告知他們平均消耗程度，以及一個表情符號，顯示社會不認可他們的表現時，那些消耗超出平均的家庭會大幅減少他們的用量。顯示認可或不認可的表情符號，對行為具有相當大的影響力。

心理學家把這種強大效果裡的動機因素稱為**指令性社會規範**。描述性社會規範需要我們對其他人在做什麼的感知，而指令性社會規範需要我們對於其他人**認為**我們應不應該做什麼的感知。在這個案例中，指令性社會規範告訴能源節約者，其他人認可他們的行為，並且告訴能源浪費者，其他人不認可他們的不當行為。

總的來說，社會規範是改變行為非常強大的力量。當我們看到其他人做對的事，我們也會照做。不過它的作用不只如此。當我們認為其他人不認可我們的不當行為時，我們開始表現得比較好，讓自己能符合期待。

假如法律密碼能汲取社會規範力量的優點，它就能在減少不必要及非法的行為方面，大幅增進成效。比方說，想想蒙大拿州如何設法汲取社會規範力量的優點，減少年輕人酒駕。它安排一項全州的媒體活動，目標是二十一到三十四歲的人。有一支電視廣告顯示：「傳統蒙大拿牧場家庭在穀倉準備騎馬。」觀眾聽到：「在蒙大拿，我們對喝酒及開車的最佳防禦措施是這兩者彼此。我們大多數的人會避免喝酒又開車。我們照顧我們的朋友、家人，以及自己。蒙大拿的年輕人，每五位就有四位喝酒不開車。感謝你的一份心力。」這支廣告汲取描述性社會規範，設法說服觀眾，清醒地開車是常規。

另一則廣告聚焦的常態是找代駕，確保喝醉的人平安回家。這裡的場景是另一個蒙大拿主要產業：一處滑雪小木屋的飄雪窗景。配音敘述著：「在蒙大拿，你需要知道關於雪的兩件事：如何在雪地開車，以及如何在雪地滑雪。滑了一天的雪，也花些時間待在小木屋裡，我的朋友和我輪流當代駕。」在這個訊息之後，鏡頭放寬到顯示寫在窗上一則訊息：「我們大多數的人（每五個之中有四個）不會喝酒又開車。」這時有個聲音問：「你們怎麼回家呢？」廣告使用兩種主要方式：它顯示一般清醒的駕駛是如何，然後它把這個核心價值連結到一般蒙大拿人的驕傲來源。

這場精心策劃的媒體活動，結果令人印象深刻。據稱喝了兩杯以上又開車的人，在比率上減少了百分之十三點七，而告知使用代駕者的比率則增加了百分之十五。

在另一個例子裡，想想約會暴力。社會規範研究表示，大部分的男性對於使用暴力對付女性感到不自在，在親密關係中尋求同意，並且對於物化及傷害女性的言語及行為感到不自在。然而，他們錯誤假設其他男性並未總是尋求同意，也能自在地對女性做出負面行為。結果，男人與男孩，會把他們真正的感受放在心裡，成為旁觀者，消極地觀看其他男性的問題行為。此外，對那些以口語及肢體暴力對待女性的男性來說，他們把其他男性的極度沉默，錯誤地詮釋成認可。這時，這種沉默讓這些男性有勇氣以暴力行動及性騷擾對待女性，甚至在現在的 #MeToo 時期也是如此。

然而，研究確實顯示，這種對於社會規範的錯誤概念可以被改變。舉例來說，詹姆士梅迪遜大學（James Madison University）設計了一張海報，附上以下三種訊息：

一、**男生不會操弄別人**。詹姆士梅迪遜大學的男生，每四位就有三位認為逼迫約會對象喝酒，以便增加和對方發生性行為的機會，是不可以的行為。

二、**男生在浪漫時刻會先聊聊**。詹姆士梅迪遜大學的男生，大部分都相信，聊到性愛不會毀了浪漫的時刻。

三、**男生尊重女生**。詹姆士梅迪遜大學的男生，每十位就有九位在約會對象第一次對性行為說「不」時，就會停止。

研究者在活動之前及之後，對學生進行調查，並且發現那些表示會在約會對象第一次說「不」便停止的男生人數，有了顯著的增加。事實上，在改變與約會暴力感知相關的社會規範，以及實際的約會暴力方面，都可以找到各式的研究。

社會規範的力量如何能增進順從的另一個重要範例，是在稅務方面。稅務機關長久以來都是行為密碼的專家。他們很早便得知，他們越明白人們為何納稅，就越能改善順從，最後帶來政府稅收。對稅務機關來說，花費在了解行為密碼的資源，有一個直接的投資回收率。和科學家攜手合作，汲取有效的行為過程優點之餘，結果這些學者直接轉求社會規範力量的協助。

有位這類的稅務學者，在福林德斯大學（Flinders University）任教的麥可·溫佐（Michael Wenzel），研究人們對於納稅的態度。在一項研究中，他發現對於在稅務相關的社會規範，有一項常見的誤解。人們會說，在他們的眼中，大部分其他人對他們的稅務都不會誠實以報。在同一份調查中，同一批人表示，他們在自己的稅務方面並未撒謊。你能看出這其中有什麼奇怪的嗎？這就像那個笑話，一名克里特島人說：「所有的克里特島人都是騙子。」

這是不可能的。

溫佐的研究結果與其他的研究相符，顯示許多人對於正在發揮作用的社會規範，要不是並未察覺，要不就是誤會了。還記得嗎，在節約能源的研究中，那些收到訊息告知減少消耗能源很常見的人，並不認為這會影響他們的行為。但是實際上，這一則社會規範訊息影響了他們的能源使用。更嚴重的例子是，研究顯示在國、高中的學生錯誤地相信，在通報校內武器的部分，有一條沉默密碼的同儕規範。大部分的學生認為，他們應該把校內武器的事告知校方，但是也有百分之三十七到五十二的學生錯誤地相信，大部分的其他學生**不會**支持向校方通報。

在溫佐的案例中，他使用對於社會規範的錯誤信念，增加稅款繳交。他設計出一項巧妙的實驗。他和澳洲稅務局合作，首先隨機挑選一千五百名澳洲納稅人，那些在前一年申報退稅、提報收入，以及尚未接受審核的人。他把這些人分成兩組：一個不會有聯絡的控制組，以及一個會被要求填寫問卷的組別。這份問卷首先請受測者表示，對於他們是否認為「人應該要誠實報稅」，提出他們的觀點。問卷也提問關於受測者對於**其他人**思考誠實報稅的問題，有什麼看法。這項調查的結果證實，有一種「自我與他人分歧」，人們對自己有正向觀點，對他人則抱持負面觀點。我繳稅，但是大多數人沒有。他的研究結果非常類似中學生對於向校方通報武器的感知。

到目前為止，沒有什麼新的結果。不過呢，在調查之後過了三週，溫佐寄了一封回饋信給半數填寫問卷的人。這封信說明人們報告自己及他人的納稅行為之間的觀點分歧。人們收到的訊息中，最重要的部分是：「這些結果揭示一個有趣的悖論。我們收到的所有個人觀點平均來看，總結出大多數人**真正的想法**，而這和他們**認為大多數人的想法**呈現鮮明對比。大部分的人同意，誠實、責任和真實性在納稅時很重要。這些結果顯示，我們傾向於認為大部分的人接受謊報稅收，以及誇大減稅。然而，事實是，大多數人認為我們應該對自己的稅籍證明誠實，並且只要求那些正當的扣除額。」

溫佐透過這封回饋信，想要修正錯誤觀點，顯示大多數人認為不實報稅是錯的。在這麼做的同時，他試圖建立一種指令性社會規範，也就是納稅是期望行為。他希望這會改進納稅行為。

為了測試這種介入是否有效，溫佐及稅務機關比較每組要求稅收扣除的實際金額，發現收到回饋信的小組提出非工作相關的費用扣除額要少很多。這項實驗很成功，顯示我們能利用關於社會規範的錯誤觀點，用來改進實際行為，即使是實際上會讓我們損失金錢的行為。

為了汲取社會規範力量的好處，減少違規行為，我們必須強調，許多人都順服規則。我們必須顯示，大多數人認可期望行為，而這比錯誤行為更常見。針對社會規範進行的心理學研究提供了幾項見解，檢視法律究竟如何能最有效地達成這點。

第一課是小心面對現有的社會規範。當社會規範支持好行為，我們必須小心，讓它保持完整。在以色列的托兒所，其中的錯誤是設定罰款，一項破壞現有社會規範的懲罰。同樣地，當我們為人們已經在做的好行為設定獎勵，我們必須小心謹慎。當我們這麼做時，這可能帶來過度辯證效應，人們會依賴獎勵去做那些他們已經在沒有任何誘因之下，樂於去做的行為。

只有在人們相信訊息及訊息傳達者，社會規範才會奏效。社會規範學者潔西卡・諾蘭（Jessica Nolan）及肯尼斯・瓦倫（Kenneth Wallen）做出了總結：

「就像說服性訊息，在大家認為訊息來源很可靠，以及呈現的資訊可信的情況下，社會規範溝通會最有效。人們認為訊息來源具有既得利益，或者傳達錯誤資訊時，可能在目標族群之中會引發疑問、猜疑，或者甚至是抗拒。」

族群也有關係。研究顯示社會規範大多在人們自己的社會群體中奏效。諾蘭及瓦倫寫到：「行為介入利用的現象是，人們比較可能追隨與他們同類的其他人期望。」學者指出社會認同的影響力，也就是定義我們部分認同的特定社會族群。正如英國心理學家瓊安·史密斯（Joanne Smith）及澳洲心理學家溫尼佛瑞德·路易（Winnifred Louis）說明：「當個體把自己視為團體的附屬品，感覺成為團體的一分子對他們來說很重要，他們會讓自己的行為符合該團體的規範與標準。」而且因為如此，人們很可能支持來自他們強烈認同的團體或社群的社會規範，比較不會去依附他們認為在自己的社會認同團體之外的社會規範。這種群體可能是國籍或種族、運動團隊、社區、大學、特定嗜好，或者甚至是語言。想想蒙大拿州的反酒駕運動。

最後，人們收到關於社會規範的訊息用字很重要。研究顯示，人們反應較強烈的是使用負面架構的訊息（不准亂丟垃圾，不准開燈），而不是使用正向架構（把垃圾丟進垃圾桶，請關燈）的訊息。研究也顯示，結合描述性訊息（大多數人不亂丟垃圾）及引發指令性社會規範（人們認為亂丟垃圾不好）的規範性訴求，比起其中單獨一個更有效。別忘了把笑臉添加到人們的能源使用訊息之後，發生了什麼事。透過謹慎的訊息傳達，我們能把焦點轉移到支持期望行為的社會規範。

壞典範的力量

每年有超過五十萬人造訪亞利桑那州的石化森林國家公園，來看它的石化木。超過二千萬年前，倒落的樹木被層層的火山灰燼及其他沉積物覆蓋。這些覆蓋曾減緩了腐敗的過程，千年以來，礦物質滲透了樹枝及樹幹，把樹木變成帶有珠寶似的紫水晶、黃水晶及煙水晶的化石。

據說這座公園很美，石化木獨一無二。數十年來，當局一直設法防止遊客偷取這些化石。他們試過罰款，也試過在公園出口檢查。他們絕望地呼籲，甚至設置大型警告標誌：「你們的遺產每天都因偷竊而遭到蓄意破壞，大部分是每次一小塊，一年損失了高達一千四百萬公噸的石化木。」但是沒有一種方式奏效。

公園管理處接著嘗試新方法。他們設立所謂的「良心堆」，基本上是由悔悟的小偷交還的石化木所堆疊而成的。這些石化木堆有小貨車的大小。公園管理處在這些石化木堆的周圍，也張貼了悔改的小偷來信。有些人只是為了拿走石化木而道歉，有些則談到詛咒。其中有一封信寫著：「把這些不幸的石塊放回去彩虹森林，因為它們把我和雪柔的愛情生活搞得一團亂。」另一封信說明他為何歸還偷走的木塊：「最後一根稻草是，我踩破了我們新家的天花板。這時我告訴我的妻子，我受夠了，我要把它寄回去。」有些甚至更誇張：「相信我，假如我早知道這些石頭受到詛咒，我永遠不會把它們拿走。自從我們度假回去之後，我的生活徹底毀了。拜託收下這些，我的生活才能回歸正常，讓我從頭來過。原諒我拿走了這些。」

在這時候，公園管理處嘗試過標語、良心堆，並且張貼悔恨交加的信件，希望除了現行的強制措施之外，這回改變行為。不過猖獗的偷竊行為依然持續進行。

社會心理學家羅伯特・西奧迪尼提出要協助公園，減少竊盜事件。他設計兩張告示，不過在一項關鍵元素有所區別。一張告示描繪一張圖片，上面是三個人在偷木塊。另一張告示上只有一個偷木賊。西奧迪尼設置好告示，然後等著看有多少木塊遭竊。

這兩張告示具有極為不同的效果。假如告示上是一名竊賊，人們會偷少許的木塊。不過告示上顯示的是三個小偷的話，人們偷取的木塊幾乎多出五倍。只是改變告示上的人數就能劇烈地改變遭竊的數量。

在亞利桑那州發生的事說明，溝通的細微改變如何能增加不當行為。描繪三個小偷的告示，對於和公園遊客溝通所造成的影響是，偷竊石化木幾乎是正常的，因此觸發了負面的社會規範，造成甚至更多的偷竊行為。只顯示一名小偷則否，因為或許那只是一個害群之馬而已。

我們有許多方式可能會在無意間觸發這類的負面社會規範。這很容易辨到，正如亞利桑那公園管理員可以作證。在求助於行為研究者之前，這些管理員設置了標語，告訴遊客每年被偷走了超過一千四百萬噸的石化木，試圖說服他們不要偷竊。雖然立意良善，這個標語包含了重大的次要訊息：這種竊盜事件一天到晚發生。當然了，良心堆和周圍張貼的信件顯示，有些人後悔偷了石化木，不過它們也暗示人們還是繼續偷。管理員告訴公園遊客，每年有數百萬噸遭竊，歸還的石化木堆甚至到了小貨車的大小。這些石化木堆和標語說得很清楚：有些人在做這件事時感到過意不去，不過石化木可以被偷，經常被偷，並且大量地被偷。

要法律成功改變常見的不當行為，它必須避免意外傳達訊息，強化不當行為是正常或通常可以被接受的觀點。研究告訴我們，假如負面社會規範支持違法行為，我們必須小心不要讓大家注意到這些。不過這經常就是執法訊息所做的事。

當大多數人服從法律，我們的法律系統可以利用這些負面社會習俗，只需要小心不要逐步破壞了它們。不過要法律能真正改善行為，它經常要應付那些常見的，或者至少有部分的人視為可接受的行為。有時候，這些和根深柢固的習慣有關，像是當我們超過速限開車。當大部分的駕駛超速時，許多非超速者也自動地開始開得更快了。他們可能是有意識地這麼做，因為他們可能認為，假如其他的人都超速，被單獨挑出來及開罰單的風險一定很低。

但是正如我們所見，社會規範的力量也在無意識中運作，所以我們只是跟著車流，跟著其他人，最後就超速了。

讓事情更複雜的是，社會規範經常深植於文化及社會價值之中，例如關於榮譽及尊重的觀念，或是對於性行為和婚姻的宗教信仰。當法律規範對抗這種深植的文化社會規範時，實現改變會很困難，立法者及執法者必須對社會規範以及他們想轉換的做法，培養出深入的文化理解。

每天有超過五百七十萬人擠進紐約市的地鐵車廂，抓住金屬扶桿。為了保護金屬扶桿及其他乘客，紐約市大都會運輸署設置了標語：「扶桿是為了你的安全而不是你的最新表演所設置。抓住扶桿而不是我們的注意力。地鐵車廂不是演出的地方。」

大都會運輸署打造了許多新標語來引導乘客的行為，這只是其中之一而已。另一則標語則是要對付「開腿族」問題，也就是男性雙腿大開地坐著，妨礙鄰座乘客原本已經很擁擠的空間。這則標語寫著：「老兄……別張腿。」大都會運輸署的標語使用活潑又風趣的短句，每個標語都有視覺示意圖：受到鼓勵的行為會附上綠色人形圖示，禁止的行為則是附上紅色人形。標語的設計是希望能容易理解。

然而採用這些標語之後，地鐵上的不恰當行為依然隨處可見。在一年內，地鐵違規的紀錄案件幾乎有八萬件。《紐約時報》報導：「地鐵慣犯跟老鼠一樣尋常。」不知為何，這個訴諸人們感受「做對的事」的方法，在這裡行不通。問題是為什麼不行呢？

最直接的答案會是，這些標語無法影響行為，因為它們對抗強大的負面社會規範。假如只有少數害群之馬違反規定，添加標語可能會有效。但是假如大部分的人都習慣性地違規，添加標語對改變行為不會有多少影響。雙腿大開以及跳鋼管舞已經成了地鐵車廂經常發生的事，造成強大的負面社會規範，讓許多人很可能繼續這些行為。當我們在地鐵車廂裡看到反對開腿族的標語，但車內滿是雙腿大開、占用座位的男士們，這時會發生什麼情況呢？旁邊的傢伙是否會想：「嗯，我最好是雙膝併攏？」或者他會想：「假如每個人都這麼做，我為什麼要當唯一坐得不舒服的人？」很顯然地，要乘客做出更好表現的訴求很可能效果不彰，因為他們想改變的行為十分普遍又處處可見（以及對那些繼續張開雙腿的人來說，這樣也比較舒服）。

我們會直覺地在看到違規的地方張貼標語。不過**首先**要整頓這些地方的違規行為，否則標語只是提醒人們，有規則遭到破壞了。實際上，標語可能破壞規則。它可能提醒我們規則是什麼，不過看到它被大肆破壞，或許會讓我們明白社會規範支持違反這項規則，可能甚至是當局並不是那麼在意我們怎麼做。藉由在一個法律公開地持續遭到違反的環境中，強調法律是什麼，我們會不經意地破壞它的力量，執法的力量，甚至是更廣泛的法律系統正當性。

這一切顯示出，要改進行為，關於社會規範的溝通很重要。要有效溝通社會規範的部分，我們需要理解不同的族群，涉及的行為、發揮作用的社會規範，以及這些規範的社會意涵。我們一旦理解這些，我們就能精心打造訊息，強調什麼是受到期待的，帶領未來犯罪者遠離不當行為，卻不會啟動破壞法律運作的負面社會規範。

理解社會規範及我們對他人的回應，重大背離了通常是告知我們當前法律系統的個人理性選擇模式。它讓我們知道，人類行為不只是人們衡量成本與收益的個人事務。要真正運用行為科學，啟動行為密碼，我們需要一個對法律完全不同的看法。我們的法律系統大部分是在處理個人問題，以及有限及較小範圍的組織。它不是用來對付存在於人類每天互動之間的更廣義規範，無論是他們在街頭從彼此身上接收到的暗示，或是複雜又根深柢固的文化價值。然而，要真正汲取社會規範潛力的優點，以便改進行為，這需要以人類學來理解人們如何互動，以及能夠分享或傳達習慣、價值及規範。當我們制定、溝通，以及執行法律規則，我們必須小心考慮，這些規則是否支持現有的規範，或是必須克服它們。當法律的創造者對人類行為的社會背景缺少足夠的理解，我們的法律很容易會適得其反，並且強化壞習慣或破壞好習慣。

Chapter

7

賦予改變力量

「哈囉，各位。謝謝你們，嗯，在臨時通知下……出席。」瑪麗亞．莎拉波娃（Maria Sharapova），五度拿下大滿貫賽事冠軍的網球選手，在洛杉磯向一群媒體發表演說。她解釋她是要來坦承一切：「我想讓各位知道，幾天前，我收到國際網球總會的來信，說我沒通過澳洲公開賽的藥物檢測。」

二〇一六年一月二十六日，藥物檢驗發現一種叫做米屈肼（meldonium）的表現增強藥物殘留。這種藥物是用來治療心臟疾病以及局部缺血，也就是氧氣流量輸送到身體器官時受到阻礙的情況。米屈肼藉由擴張動脈，刺激血流並增加身體的氧氣流量。你不必是科學家也看得出來，這種物質如何帶給運動員廣泛的潛在好處，不過美國反禁藥組織（US Anti-Doping Agency）說明，運動員禁止使用這種藥物，因為它可能「增強耐力、改善運動後的修復，以及強化中樞神經系統的活化」。在它的官網寫著：「米屈肼也可能帶來認知益處。」

就在莎拉波娃舉行記者會的前幾週，世界運動禁藥管制機構（World Anti-Doping Authority）將米屈肼添加到禁藥清單裡，因為它在有史以來的第一屆歐洲運動會，也就是歐洲奧林匹克委員會於二〇一五年，在亞塞拜然布坎舉辦的賽事中，發現十三位獎牌得主的體內有米屈肼。除了獎牌得主之外，米屈肼的使用如此普遍，以至於在運動會的二十一項賽事中，有十五位運動員的檢測結果為陽性。

莎拉波娃的記者會相當特別。她非常坦白地認罪：「我沒通過藥檢，而且我要為此負起全責。」她並沒有試圖抵銷她的羞愧感：「我讓我的球迷失望。我讓我從四歲就投入，而且如此深愛的運動失望。我知道對於這件事……我要面對後果。」

莎拉波娃坦承自己的作為，讓她和許多使用禁藥的運動員截然不同。那些人會不擇手段，確保他們不會檢測出藥物反應，並且當檢測反應呈陽性時，就會否認做過任何不當的事。就這一次的藥檢未通過，莎拉波娃明確地坦白，承認有罪，並且負起責任，她想要的只是第二次機會。

在要求第二次機會時，莎拉波娃只提出了一個論點。她聲稱自己不知道米屈肼是禁藥。她說明她使用這種藥物十年了，一直以來都不是禁藥。當然了，不清楚法規不是違法的藉口。不過要是莎拉波娃是真的不知道，這條規定在一月份才剛修改呢？

到目前為止，我們所看到的，包括懲罰、誘因、社會規範、道德，以及我們的責任感，全都以各種形態影響著人們順從或違法的動機。因此，我們必須先知道，人們是否認識法律，以及可以真正遵守它。

認識法律

「有人知道第三修正案是什麼嗎？」單口喜劇演員歐尼・亞當斯（Orny Adams）問他的觀眾。

有人回答：「集會自由。」

「不對，那是第一修正案，言論和集會自由。」亞當斯反駁說。

更多的觀眾回答，喊出不正確的答案。

當亞當斯聽到某人說出正確答案時，他大喊：「總是會有某個知道答案的混蛋！是什麼？答案是什麼？大聲說出來！」

「避免在和平時期被迫駐紮部隊！」那人回答說。

「你怎麼會知道？」亞當斯問。

「我在你的上一場即興表演看過了。」那人回答，全場哄堂大笑。

美國人對《憲法》引以為傲，而《憲法》在各種議題，包括槍枝到投票權的公共辯論中，也扮演著鮮明的角色。但是沒多少人知道，它宣告的權利及義務究竟是什麼。當然了，我們不知道和我們日常生活無關的權利細節，像是第三修正案概述的那些。不過人們對於法律缺乏知識是非常普遍的現象，也關係到管理他們日常生活及行為的最基本規則。假如我們不了解自己的權利與義務，我們要如何有效回應法律呢？

美國大部分的州都採用「自由雇傭的預設規則」。在「自由」原則下，雇主擁有極大的處理權解聘員工，只要他們不違反聯邦法規例外規定（比方說，基於種族、膚色、宗教、性別或原屬國籍）。只要這項行動並不是基於那些類別之中的某一項，在許多州的雇主可以用幾乎任何理由，或是毫無理由地解雇任何人。

令人意外的是，在這些州的大部分雇主並不知道，法律基本上讓他們處於毫無防護的情況。聖路易華盛頓大學法律學院（Washington University School of Law）的法律教授寶琳・金姆（Pauline Kim）做了一份研究，發現員工對於法律在他們被解雇時提供的保護，有太多誤會了。在密蘇里州，百分之八十二的人誤以為，假如雇主只是計畫以較低的薪資雇用他人的話，就不能解雇他們。同樣地，有百分之七十九的人誤以為，其他員工或主管通報他們竊取公司財物的話，法律會保護他們不受解雇。百分之八十九的人誤以為法律會保護他們，不會只因為雇主個人不喜歡他們而被解雇。此外，研究發現，甚至當公司告知員工，它「保留在任何時候、以任何理由，有或沒有原因的情況下，解雇員工的權利」，有超過百分之六十的人**依然**相信，法律會保護他們。金姆的研究結果具有開創性。它顯示美國員工基本上誤解了勞動法。這些不是微不足道的法律，它們對個人生計及就業保障至為重要。

對法律的無知擴及法律的所有面向。美國的承租者不知道自己的基本權利，或是有什麼或少什麼能保護他們對抗房東。消費者在購買時不知道自己的權益，或是法律帶給他們什麼保護來對抗販售業者。

對於刑法的基本面向也存在著無知。美國公民並不清楚嫌犯在刑事司法程序中，擁有那些保護。有一份針對美國人的研究發現，百分之四十二的成人認為，嫌犯會被迫在法庭上回答關於他們涉嫌的罪行問題。還記得美國權利法案嗎？第五修正案就是防止這種情況發生。另一項研究發現，百分之六十的成人誤信「無罪推定」的意思是，受到指控的人必須證明自己是清白的。

假如你對最後一點感到沾沾自喜，試試看回答以下的問題。在美國，假如警方相信你的孩子犯了罪，因此羈押了她，他們需要在偵訊她之前和你聯絡嗎？要是她要求找家長或監護人呢？萬一你聽到她遭到羈押，要求在場，他們有必要放你進去嗎？沒有一條聯邦法律要求警方在偵訊孩子之前，要先聯絡家長，無論這孩子是否做出這樣的要求。而在警方偵訊小孩時，家長也沒有憲法權利能出席。每個獨立管轄區可能不同，但是沒有聯邦法律保護這部分。

人們也不知道究竟是什麼會構成犯罪。對於一個人何時要負起刑事責任，美國人的想法多半都錯了。比如說，想像某人在計畫搶劫一家商店。大多數人相信，在一項罪行的實際預備及參與行動往前推展時，法律責任便逐漸地增加。然而，在許多州採用的《模範刑法典》之下，從第一個重大犯罪步驟起，這種責任立刻就非常高了。當某人已經冒著犯罪懲罰的風險，即使只是查看某個地方，準備進行搶劫。大多數美國人並不知道這點，他們低估了準備（或者甚至至談論）犯罪的風險。

即使是青少年犯罪者，包括遭到逮捕、經歷這套系統，以及在緩刑期的年輕人，他們的母親對於法律也所知不多。研究者給予這些家庭之中的幾百戶一項法律知識測驗，母親們平均達到約百分之六十六的正確率。這些母親誤解許多影響她們及孩子們的法律，包括關於公設辯護人角色的法律。

無知存在於非常基本又個人的部分，像是婚姻法。在一份標題為《無知就是福》的報告中，倫敦大學學院的法律教授，帕斯科・普力山斯（Pascoe Pleasence）及奈吉爾・包默（Nigel Balmer）提出，在一般情況下，包括離婚、配偶繼承，以及決定醫療的權利，配偶對於能提出哪些法律請求權，普遍缺乏認識。

在認識法律方面有困難的，不只是一般人而已。研究顯示，教師及學校行政人員並沒有與學校及教育相關的適當法律知識。研究也顯示，醫生也不太清楚和他們的職業相關的法律。他們不太清楚醫師病患特權的規則，以及，或許更令人震驚地，他們不太了解管理醫療失當責任的法規。有一項實驗顯示，在責任程度及知識之間有一種反向關係：在醫生面臨較高責任的國家，像是美國，他們實際上對於這部分的知識程度較低。

隨著法律的大幅成長，我們真的會對於有太多法律方面的無知而感到意外嗎？走進任何法律學院圖書館，看看那些巨大的廳堂，有著一疊又一疊記載著法律原始資料的厚重書本，那些都是我們應該要知道的適用法，以便在生活中不至於犯法。而這不只是單純的數量問題。法律變成了高度複雜的系統。光是閱讀法律文字無法告訴我們，法律究竟期待我們怎麼做。大多數法律需要詮釋，而這些詮釋遍布在幾十年來，無數冊由各層級的聯邦及州法院做出的判例法先例。要真正認識法律，我們必須求助收費昂貴的專業律師，他們不僅研究現存的判例法，也能夠研究及詮釋引申的法律。我們必須聘請他們來解釋，法律要求我們怎麼做。

法律知識成為受到高度保護的產物。各州對法律諮詢設下限制，只開放給通過地方律師考試的註冊律師。即使我們所有的人都應該認識法律，但是沒幾個有辦法聘請律師，就可能適用在我們身上的所有法律部分提供諮詢。而且律師具有利益衝突的道德規則，使得一般人更難以直接去找政府及執法單位，詢問他們會如何詮釋特定的規則。我們在一個案例中，清楚看到這點：加州大學爾灣分校、美國證券交易委員會及司法部，為了希望加入或投資美國市場的中國商業機構，共同主持一項活動。每次有一名中國與會者提出某個特定問題，證券交易委員會的律師以及司法部的檢察官隨即表示，他們無法給予任何法律諮詢，然後就不回答那個問題。他們會這麼做是因為，給予這類資訊可能會導致和這名中國投資者建立起客戶關係，和他們的政府工作產生根本的、被禁止的利益衝突。這意味著當你不懂法律，你設法從執行該法律的政府部門取得資訊，他們將不會告訴你，這條法律實際上如何應用於你的案件。

有些人和組織負擔得起聘雇專家，無論是律師或其他專家，像是衛生安全管理師、醫生、人資經理，或是會計師，協助他們有效掌握不斷演變的法律。這些專家能以容易取得及理解的方式，將法律的規則概述及傳達給他們的客戶，或者單純做出實際的調整，像是替運動員，例如莎拉波娃，更換藥物，以確保合法。這些「規則詮釋員」在法律如何塑造行為上，扮演著重要的角色，因為他們不只傳達法律，也藉著選擇並說明那些他們覺得最相關及可操作的部分來改造它。然而，對大多數人來說，這種日常的法律諮商超出能力負擔，也無法取得。

我們的生活受到大量的規則管理。想想看我們簽訂的合約，每份都有關於我們的權利及義務的細節。我們很少有人會花時間，仔細閱讀這些合約的附屬細則，尤其現在我們經常在手機上遇到這種情況，而那些字體簡直小之又小。我們滑到最下面，按下「同意」（或是在少數時候會按下「取消」），卻沒有讀完所有內容，因此並未完全了解這份合約。即便我們花時間去讀這些合約的規則，我們也難以理解，更別提記得了。

大多數人是較大型組織的一部分，比方說在工作或學校，他們採用自己的一套規則。這類的組織規則為已經夠擁擠的法律密碼，呈現出另一個複雜的層面。來看看加州大學發生了什麼狀況。它在全州各地擁有十個校區，以及二十八萬名學生。在加州大學洛杉磯分校的實驗室發生一場大火之後，加州大學系統簽下一份和解協議。這份協議書是要對學校系統施加條款，協助預防類似的意外。和解書的條款之一是實驗室人員必須熟悉危險的物質。因此大學制定了自己的組織規章，包括對於大約兩百種危險物質的個人協議。這兩百種個人協議中，每一份都約有二十頁。衛生安全配合管理師要負責確保所有教職員、實驗室助理及學生在進入這些實驗室之前，同意約有四千頁的安全協議。當然了，沒人能記得四千頁關於如何處理危險物質的資訊，更別提遵守這種荒謬數量的指示說明行事。

這裡發生的事反映出真實情況。這種數量龐大的文件規則，極不可能有太多的影響功效，讓人更安全地做事。或許反正這從來就不是它的目的。看來與其真正設法讓實驗室更安全，大學在制定這些協議時，心中另有想法。設計這套系統的律師，可能想得比較多的是當未來有意外發生時，會發生什麼狀況。大學可以說，它已經教育了研究者及學生要如何防範這種風險，事實上，他們制定了四千頁的安全協議！大學已經盡了它的責任了。因此，萬一有意外發生，操作這些危險物質的人可能要負起責任。加州大學從來不曾設計出減少未來危險行為的一套「事前」系統，而是有一個萬一出了什麼錯，用來應付事後責任的一套「事後」系統。

假如我們希望加強順從，我們必須明白許多人就是不懂法律。大家對這種基本問題的認識這麼少，真是令人震驚。沒有任何充分的實徵研究顯示法律知識和順從有關聯。正如普林斯頓大學心理學教授，約翰．達理（John Darley）所說：「假如我們檢視從知識傳輸應該發生的路徑，也就是從立法殿堂到人民的腦袋，我們會發現一片令人困惑的靜默。」

在法律知識和人們服從法律的能力，這兩者之間的關係並不是直截了當的。對法律的無知不單是缺少法律資訊，研究顯示它要來得更複雜。學者發現，對於法律應該是什麼，我們有個人的偏好及直覺。假如我們感覺或認為某件事是對的，我們會傾向於相信那是合法的。當我們認為某件事應該不合法，我們經常假定那是違法的。因此，法律的「知識」變成了態度功能。

這意味著就像嚇阻一樣，法律知識是主觀的。當我們並未直接學習法律裡有些什麼，法律就變成了我們想像中的模樣。雪上加霜的是，我們相信的法律涵義，可能甚至在我們得知法律真正的涵義之後，對我們造成阻礙。人們抗拒吸收和他們的民俗不一致的法律資訊。當然了，這一切使得減少對法律的無知更加困難。當人們習慣直覺猜測法律是什麼時，單純提供更多法律資訊可能沒有用。

要讓法律能在改變未來行為真正發揮作用，法律本身必須改變。我們的立法者及許多制定合約及組織規章的許多規章制定者，必須從根本轉變他們的方式。與其以制定更多複雜規則來回應每次的新風險及歧義，他們必須理解這種方式的限制。假如對大多數人來說，我們的法律及其他規則大多是未知的、不可知或無法理解，它們要如何在塑造我們的行為上，占有一席之地呢？我們需要一個不同的方法。我們必須考慮有哪些法律及規則是真正被需要的，而且將會真正為人所知、分享及討論。這種方式會避開可能的複雜性，使用簡單又明確的語言來取代。這也會聚焦在不只是制定規則，並且也要至少是同等地宣傳這些規則，給予人們這方面的教育。正如切薩雷．貝卡里亞寫道：「你會避免犯罪嗎？讓法律變得清楚又簡單吧。」

治療犯罪

「犯罪有某種令人深深滿足的感覺。它撩逗我那受到沮喪及焦慮的衰退而疲憊無感的扭曲神經路徑。這種喜悅並非模糊不清，而是生理上的顫抖，一種深層的反饋，很難說明或模仿。」這位是派崔克・馬爾波勒（Patrick Marlborough），或者至少是他在《*Vice*》傳媒上訴說親身故事時的化名。他以文筆優雅的自白及心理分析，描述他對輕竊盜罪的成癮症，偷竊癖。

派崔克說明他如何在公共場合偷取小物品，尤其是在機場、購物商場、酒吧、餐廳、賭場及博物館。當他在梵蒂岡博物館欣賞古老的耶穌受難畫作之一時，偷偷把一個價值三十四美元的紀念品放進口袋裡，和他那天偷取的其他物品放在一起。他澄清不是為了那些物品的價值才這麼做。正如他談到他偷取的物品時所說：「對我來說，它們毫無意義，只是一堆偷來的雜物，加入其他來自世界各地的機場、百貨公司、圖書館及禮品店搜刮來的物品：可以放進口袋的無用小物，我就是忍不住不拿。」

派崔克被診斷出罹患偷竊癖，他從很小的時候就開始偷了。他以前為此心懷罪惡感，不過到了青春期，羞愧及罪惡感都逐漸消退了。對他來說，偷竊無關乎快感或興奮。那是某種強迫性。偷竊癖確實在其他方面也具有強迫性。正如心理健康諮商師彼得・克萊恩（Peter Klein）說明：「（偷竊癖）患者會覺得抗拒衝動很困難，行動之後有時會帶來罪惡感，但是會感到強烈的正向情緒。」在《精神疾病診斷準則手冊》第五版（*DSM-5*）中，偷竊癖的診斷必須呈現出幾個條件：「反覆出現偷竊的衝動及偷竊的情況，偷取物品不是為了個人使用或賺取錢財；在偷竊之前感覺到增強的緊張感；行竊當下的喜悅、滿足或放鬆；偷竊……不是為了回應錯覺或幻想，或是復仇或憤怒的表現；偷竊（無法）以反社會人格障礙、行為規範障礙，或是躁期來解釋。」

罹患偷竊癖的人會無法控制偷竊的強烈慾望。因此偷竊癖患者無法遵守禁止偷竊的基本犯罪規則。即使他們的偷竊會帶來受罰的結果，即使當他們知道偷竊不為社會所接受，即使當他們個人認為這是錯誤的行為，甚至有違他們守法的一般責任感，他們的疾病還是會使得他們不可能不偷。

當然了，偷竊癖很罕見，大多數人也都能控制偷竊的衝動。但是偷竊癖顯示，人控制衝動的能力在違反規則行為方面，扮演著重要的角色。事實上，犯罪學的主要理論之一聚焦在人們控制衝動的能力及從事犯罪行為之間的關係。將這項理論發揚光大的是兩位犯罪學家，在加州大學爾灣分校任教的麥可・加特福雷德森（Michael Gottfredson），以及在亞利桑那州大學任教的崔維斯・赫奇（Travis Hirschi），兩人在一九九〇年出版了《犯罪的一般理論》（*A General Theory of Crime*）一書。

加特福雷德森和赫奇採取和前人不同的方式來理解犯罪行為。與其找出這種行為為何發生，他們翻轉問題，改問人們為何**克制**犯罪。對他們來說，犯罪行為不該被視為與眾不同，與其他類型的行為有所區別：「犯罪就像非犯罪一樣，滿足天底下的人類慾望。就因果關係來說，它和其他類型的行為並無明顯差別。」就他們的觀點來說，犯罪是正常的，一點也不令人震驚。他們寫道：「犯罪行為的絕大部分都是瑣碎又乏味的事，結果造成少許損失及少許收益。」他們談到犯罪的平凡性，主張犯罪行為「就整體來說，會傾向不太需要多少深謀遠慮、計畫或努力。在思考及行為之間，不會有太多時間。因此，仔細策劃及執行的犯罪行為極為少見」。

加特福雷德森和赫奇主張，犯罪為犯罪者帶來立即的滿足。犯罪和其他非期望行為十分類似，例如酗酒、賭博和濫交。人們犯罪或從事這類不當行為，以取得愉悅的感覺。因此他們的問題是，假如犯罪這麼令人滿足，是什麼遏止我們去犯罪呢？

他們認為答案是自制力。自制力讓我們遠離抽菸、過度反應或欺騙，也會讓我們不去滿足以犯罪帶來立刻喜悅的衝動。自制力存在於潛在犯罪者及犯罪的決定之間。

《犯罪的一般理論》的出版開啟了犯罪學的一個新領域，帶動了大量的實徵研究，想了解犯罪是否真的和自制力弱有關係。肯德基大學教授亞歷山卓・瓦索尼（Alexander Vazsonyi）及他的同僚做了一項綜合的後設分析，讓學者檢視許多針對相同題目進行的研究，然後使用複雜的統計方法來計算總效應值。瓦索尼及同僚為他們的後設分析選取了九十九份高品質的研究，檢視在各種類型的行為之中，薄弱自制力及異常行為之間的關聯是否有所差異。他們發現異常行為的最強關聯，一般來說有百分之零點五六，這樣的效應值在社會科學中很罕見。不過薄弱自制力對犯罪、竊盜及肢體暴力也有顯著的強大影響，效應值分別為零點三九、零點三四及零點四六。確實，其他的文獻回顧也經常做出結論，表示自制力是犯罪最大的相關因子之一。

自制力協助我們了解，我們為何做出違法的事。自制力低的人比較難約束自己的行為。不過這究竟是什麼意思呢？我們如何能利用這些見解來對付違規及傷害性行為呢？

這裡的第一個大哉問是，自制力究竟是什麼。加特福雷德森及赫奇的理論遭受到的一項重大批評是，他們從未清楚定義這個概念。另一項評論則是，當他們這麼做時，定義也都是重複贅述：薄弱自制力可能和異常行為是同一回事。

在加特福雷德森及赫奇一九九〇年的著作中，藉著探討薄弱自制力的樣貌來描述強大自制力。他們說明：「缺乏自制力的人傾向於衝動、不敏感、生理（而非心理）、冒險、短視，以及不使用語言。」作者不認為這些是與生俱來，所以永遠不會改變的特質。相反地，薄弱自制力在孩提時代（直到十歲）發展，而且受到教養的影響。他們詳述父母可以強化自制力的主要方式，是透過監控、辨識及糾正異常行為。最近，赫奇補充說，對於培養孩子的自制力而言，家長的照顧及溫暖也非常重要。

如果依循加特福雷德森及赫奇的觀點，我們似乎必須在孩子進入青春期之前處理自制力的問題。因此，要減少錯誤行為，所有的家長，或許還有老師及其他成人權威人士，都需要接受訓練，學習如何促進小孩子的自制力發展。許多研究顯示，某些有效的計畫能達到這個目的，不只是對孩童，對青春期的孩子也是。有兩份針對現存研究進行的後設分析（一份涵蓋三十四份研究，另一份涵蓋四十一份研究）發現，自制力提升計畫不只能有效改善自制力，也能減少犯罪行為。

以所謂的「現在停止並規劃」專案為例。這是一九八五年在加拿大推出的專案，將犯罪責任年齡限制從七歲提高到十二歲，也就是說司法系統不再為十二歲以下的孩童負起責任。這項專案想協助處理六到十一歲的孩童所做的異常行為，為那些容易失去自制力或做出暴力行為的孩童提供應付機制。這項專案的目標族群是他們的老師及家長。

「現在停止並規劃」專案具有全面性方法，不只處理自制力，也尋求強化情緒調節及問題解決技巧。這項專案運作的方式是，孩童學習看見促成不當選擇的「身體提示」及「難以達成的想法」（例如不切實際的期待）。他們被教導在看到這種提示或想法時要**停止**，暫停一會兒或深呼吸。然後他們學習**現在**的階段，用實際的想法取代難以達成的想法，幫助他們應付這個情況。最後他們學習要**規劃**下一個行動，避免傷害並且讓他們感覺良好。

有幾項針對這個專案的研究發現，它可能會很有效。匹茲堡的研究者針對二百五十二名男孩進行一項研究，發現和減少攻擊行為、違規及其他行為問題的標準介入相比，這項計畫具有更顯著的效果。不只如此，它還發現這項專案對於具有最嚴重的自制力問題的孩子來說，效果最好。或許最重要的是，在一年之後，效果依然保持穩定。另外在多倫多，有一項針對三百一十八名孩童進行的研究同樣發現，這項專案強化了自制力，減少了攻擊及違規的行為。

在青春期及青年期早期，人們控制個人衝動的能力薄弱。幸好的是，當前額葉皮質，也就是人類深思熟慮及複雜思考的能力所在的位置，在過渡到成年早期的期間變得成熟及完全活躍，人們就能取得更多的自制力。然而，即使在成年期，有些人的自制力較低，有更高的風險或做出異常及傷害性行為。有什麼能協助阻止這些人做出不當行為呢？

蘇利是一隻可愛的黃色拉不拉多獵犬，身上穿著有總統徽章的胸背帶，坐在群眾之中，四下張望。這群人莊嚴地聚集在美國國會大廈圓形大廳，向美國第四十一任總統喬治·布希致上最後的敬意。蘇利是布希的輔助犬，協助年邁的前總統度過生命中最後的六個月。

數天前，當布希的棺木還停靈在休士頓時，這隻狗兒在棺木前伸展四肢，躺在那裡，彷彿準備好要繼續服侍牠的主人。當布希得到蘇利時，他在推特上傳一張照片，上面是他坐在輪椅上，蘇利在他前面，還有笑容滿面的比爾·柯林頓，一起坐在一個居家布置的場景：「滿心歡喜地歡迎我們家的最新成員，蘇利，一隻漂亮又受過良好訓練的拉不拉多，來自 @AmericasVetDogs。」現在呢，這張狗兒帶著哀傷又忠實的神情，守著覆蓋國旗的棺木的照片，在網路瘋傳。正如布希的一位發言人對這張照片的評論：「任務完成了。」

蘇利不是普通的輔助犬，牠是某個專案的一部分。這項專案訓練狗兒，協助退伍軍人進行各式任務，包括取回特定物品以及求救。這個專案的特別之處在於狗兒訓練是由在獄中服刑的人所進行，蘇利就是在馬里蘭州哈格鎮的監獄中受訓的。這裡的囚犯收到六週大的幼犬，訓練到牠們滿週歲為止。

對於囚犯來說，訓練幼犬帶來無比的驕傲及喜悅。幼犬依賴他們，也讓他們暫時忘卻獄中生活的嚴酷現實。四十四歲的賀伯·威爾森貝（Herbert

Wilson-Bey）接受《華盛頓郵報》採訪，說明他因為搶劫及殺人罪名，從十七歲起便入獄服刑。他從沒工作過，也沒照顧過任何人。他有一個兒子，但是在他入獄時，那孩子才剛出生。訓練這些小狗「是他這輩子最初的責任之一」。

養育幼犬是重責大任。在週間，狗兒一天二十四小時和囚犯待在一起，只有在週末，當他們出去和家人團聚時才分開。威爾森貝正在訓練他的第三隻輔助犬，他明白養育幼犬不只是教導牠們聽從指令：「把小狗放在你的胸口，讓牠感受你的心跳。讓牠舔你的臉，即使你可能不喜歡那樣。」

我們能想像對於正在服刑的人，養育幼犬會有什麼樣的正向效果。讓囚犯養育幼犬，協助他們復健的想法，已經有幾十年的歷史了。第一個廣為人知的專案要回溯到一九八一年，地點在華盛頓州女子監獄。這種計畫可能有幾種有利效果，包括強化囚犯的自尊、同理心、情商，以及應對技能。現在美國監獄有數百種狗兒訓練專案，全球也有許多類似的計畫。

幼犬訓練專案還有另一種重要的潛在益處：它們能強化這個人的自我控制。這項專案只開放給在一段時間內遵守規矩及表現良好的囚犯。即使在分配到小狗之後，他們也不能惹麻煩，否則會有失去狗兒的風險。這已經有了顯著的成效。正如某個人告訴研究者：「我不去惹麻煩的原因之一是，這樣我才能分配到一隻狗。」有一份研究發現，訓練狗兒會讓囚犯更樂意及能夠為自己的行為負責，並且變得更有耐心。另一名囚犯告訴研究者：「我很氣（我的狗）……不過我能做的只有坐下來，數到十，因為我拒絕在牠的眼中呈現慈愛之外的任何形象。」有一份研究檢視可用的證據後，做出結論表示，訓練幼犬的囚犯對於「監禁的要求」變得比較有耐心，也比較願意遵守監獄的規矩。這是一個充滿希望的範例及證據，顯示治療及訓練專案或許能帶給人們更多力量，更有效地控制他們的衝動。這種證據顯示的是，自我控制是有可塑性的，能夠加以塑造及改變。

在這裡，我們有一個方法去應付犯罪行為，有別於我們典型的懲罰性刑事司法系統。傳統方法是試圖透過嚇阻去改變行為，透過懲罰的負面經驗去嚇退人們從事犯罪。不過這揭示了一種更有效的替代方法。我們的刑事司法系統能提供治療及支持，協助人們學會更妥善地應付造成他們犯罪行為的問題，努力改進自我以及自身的能力。這能帶給他們機會，培養真正的技能，讓他們能在高牆之外找到工作。這就是復健的概念。

我們很容易懷疑復健介入會有成效，尤其是當它們是在監獄系統中進行；這種地方既不安全，裡面的人也很可能會因為監獄的犯罪及殘暴的影響，變得更不正常。在獄中嘗試犯罪介入治療並不理想，更受喜好的做法是在某人有提供支持的家人、朋友的陪伴、在工作場所或社區裡，而且沒有監獄的強制力及負面環境之下，解決根本原因。

介入計畫的一個主要類型是把焦點放在「認知技能」上。這些為犯罪者提供治療，教他們設法解決引導他們犯罪的情緒及想法。最知名的範例是「推理及復健」計畫。這個計畫的概念是，認知在犯罪行為中扮演重大的角色，當人們在缺少認知技能，包括自制力、批判性推理、人際問題解決能力，以及同理心時，便會犯罪。推理及復健方法的目的是教導參與者「如何思考，而不是思考什麼」。這種治療包括由六到十二個人，進行一共三十六小時、每次兩小時的團體課程。在這些課程中，參與者面對自己的「自我中心思考」，學會從他人的角度思考，也以更具批判性及理性的方式來對待自己和自己的行為。這種認知治療的方式對減少犯罪有卓越的效果。一項近期的後設分析發現，這種方式在不同的國家，包括加拿大、美國及英國，都減少了百分之十四的犯罪率。

當然了，自制力及其他認知能力不是犯罪背後唯一的驅動力。藥物濫用及依賴障礙也會促成犯罪行為。這當然不是一體適用的準則，人們會求助於物質使用有許多原因。然而，一份二〇一三年的回顧發現，有許多成功的治療專案是把焦點放在範圍廣泛的元素，包括社會技能、應付困境技能及解決問題技能的訓練，壓力管理的訓練，以及社群強化。這些計畫的成效卓越。有一份研究發現，完成治療的人在出獄後六個月的再犯率是百分之三點一，而相較之下，未接受治療的犯罪者比較組則是百分之十五。另一項研究探討出獄後一年的再犯率，發現接受治療者有百分之十六再度遭到逮捕，而相較之下，那些不曾接受治療者的比率是百分之二十三。整體來說，這些計畫的效果是那些透過監禁的「一般治療」的五倍。

二〇〇七年，兩位犯罪學家，范德比大學的馬克．利普西（Mark Lipsey）及辛辛那提大學的法蘭西斯．庫倫針對矯治的可用科學，進行到目前為止最大型的回顧。他們有系統地檢視針對違法行為以及犯罪者，包括少年及成人，進行各式治療的現存高品質文獻回顧。他們檢視的回顧涵蓋十三到五百一十五份研究。

在檢視的五十九份不同治療之中，發現只有一份得到反效果，而且導致更多的再犯行為，有兩份並未顯示任何效果。後設分析檢視的另外五十六份治療，全部都證明有效。成人的教育、職業及工作計畫證明減少了百分之六到二十的再犯率。少年及成人的攻擊性訓練減少了百分之十八的再犯率。針對少年及成年性犯罪者的計畫減少了百分之十二到四十六的犯罪行為。據說最成功的計畫，也就是針對有風險的少年及成人進行行為及社會學習治療的計畫，減少了百分之六十的再犯率。最後，利普西及庫倫得到非常有利的結論：復健治療計畫在減少再犯率一貫的龐大效果。

回到一九七〇年代，對復健的效果存在著懷疑。正如當時學術研究重大回顧的作者，紐約城市大學的社會學教授羅伯特．馬丁森（Robert Martinson）感到疑惑地說：「難道沒有什麼方法行得通嗎？」看來在四十多年後，現在我們有許多行得通的治療方式了。這種趨勢十分明顯。犯罪者的復健不只有可能，這些計畫的成效十分良好。當然了，治療並未完全阻止再犯，也不是對所有的犯罪者都奏效，或是能修補人們面對的結構及系統性障礙。治療並未提供一個完美的解決方法。不過它顯然提供一個重要及有效的回應，證據也比懲罰的嚇阻效果更確實及正面。

社會經濟條件的沉重壓力

法律教授蜜雪兒．亞歷山卓（Michelle Alexander）在她的創新著作《新吉姆．克勞法》（*The New Jim Crow*）中，嚴厲檢視刑事司法系統的種族歧視運作，以及這種歧視如何延續到監獄之外。結果是一種新形態的隔離，年輕黑人大多變得有法律問題纏身，最後得到較少的教育、居住及就業機會。亞歷山卓顯示，我們刑事犯罪系統的懲罰特質如何持續衝擊前犯罪者的生活，即便他們已經為了犯下的罪行服完刑期。

在討論就業隔離時，亞歷山卓顯示，幾乎在每一州，雇主能完全自由地基於某人的犯罪紀錄而出現差別待遇，無論那份工作的性質是什麼。在許多州，甚至逮捕紀錄就足以拒絕某人的求職。這嚴重地限制了有前科者的機會。

每次求職時，前科犯必須勾選表明他們曾經入獄服刑的選項。這叫做「勾選排除」。但是有前科的人也可能很容易取得「勾選錄取」。因為大部分的州把維持有酬工作訂為一項假釋條件，沒工作可能意味著要回去蹲苦牢了。

找工作不只是因為雇主不想雇用有前科的人，因此困難重重。人們經常透過家人及朋友找工作。然而坐過牢之後，他們經常擁有較薄弱的社會聯繫，而這種聯繫平常會協助他們找到工作。不只如此，和不曾坐過牢的同儕相比，他們會不可避免地缺乏工作經驗及工作相關技能，並且有較多的交通運輸困難。正如哈佛經濟學教授理查．費里曼（Richard Freeman）總結：「坐過牢是就業最重大的嚇阻因素。」

有前科的人不只面對就業的困難。在歷史上，屋主能拒絕把房子租給有前科的人。二〇一六年，歐巴馬政府的住宅與都市發展部研發了指導方針，不再允許房東及售屋者歧視有前科的人。正如民權律師委員會主席及執行長克莉絲汀．克拉克（Kristen Clarke）在當時說明：「少了取得居住機會的管道，有犯罪紀錄的人會被安排走上失敗之路，無法採取必須的步驟，以便成功地再次融入他們的社區。」

大學也照例詢問潛在的學生，要他們表明自己是否有前科。有超過七萬所美國大學的申請者必須使用通用申請書，而其中照例包括一個標準問題，詢問申請者是否曾被判犯有輕罪或重罪。根據一項研究，百分之三十五的大學會因為申請者有前科而拒絕他們。二〇一六年，六十一所大學想透過簽署高等教育公平機會承諾，改變這份帶有歧視的表格。這份承諾是由歐巴馬政府發起，在二〇一九年生效，保證這些大學會提供有前科的申請者一個公平的招生過程。

在終結對於有前科者的就業、居住及教育歧視背後，存在著一個理念。它不只影響了那些遭到不當逮捕及監禁的少數種族及民族，還有被判有罪的人，他們需要就業、居住及教育的管道，讓生活重上軌道，打消未來的犯罪念頭。人們需要正確類型的社會及經濟條件，支持他們過著守法的生活。比方說，在貧窮及犯罪之間有一個明顯的連結。有一份二〇〇五年的回顧探討了貧窮及犯罪之間關聯的二百一十四份研究，發現了大量證據顯示，越貧窮會導致更高程度的犯罪，而且貧窮是犯罪最強大的宏觀層次預測因子。一份二〇一四年的研究把國際焦點轉移到探討貧窮及命案之間的關聯。在分析了六十三個國家的數據之後，它發現一直以來，貧窮率和命案、搶劫及入室竊盜都有關，甚至是控制不平等、整體發展程度、經濟成長、人口密度及人口規模時也是如此。這意味著，要打擊犯罪，我們必須對抗及消除貧窮的根本肇因。

也有明確的證據顯示，教育和犯罪有強大的關聯。經濟學家蘭斯・莫奇那（Lance Mochner）及恩里可・莫瑞提（Enrico Moretti）進行了一項研究，探討男性的高中教育如何影響他們遭到逮捕及監禁的可能性。他們歸納主要研究結果，表示：「受教育的平均年數每增加一年，就減少幾乎百分之三十的謀殺及攻擊率，百分之二十的汽車竊盜率，百分之十三的縱火率，以及約百分之六的入室竊盜及竊盜罪。」同樣地，莫奇那及莫瑞提表示，「畢業率增加十個百分點，就會減少約百分之二十的謀殺及攻擊逮捕率，以及約百分之十三的汽車竊盜率，還有百分之八的縱火率。」

當然了，不是所有的學校經驗都相同。因此另一項研究探討中學及高中教育的品質如何影響犯罪。它的方法是針對透過抽籤系統分配就讀品質較高的公立學校，以及那些不是透過這種方式入學的學生，進行比較。這項研究評估在最初入學七年後的逮捕及監禁率。它發現高風險的年輕人（最可能犯罪的那些人），假如就讀較高品質的學校，遭到逮捕及監禁的可能性會減少百分之五十。不幸的是，在美國，每年有超過十三萬名未成年人遭到拘留，因此少年羈押嚴重地破壞了這些孩子回到學校的機會。研究顯示，青少年一旦進了少年觀護所，他們達到或保持在該年級程度的可能性便遭到嚴重的破壞。

最後，有研究探討取得住宅如何和犯罪有關聯。有一份研究採取多倫多三百九十名無家可歸的年輕人為樣本，發現變得無家可歸顯然促進了參與犯罪行為。另一項研究探討擴展公共住宅居住券，讓人們從較貧窮的地區搬到較富裕的地區，對於犯罪的影響。你能想像較富裕的郊區家庭對於歡迎較貧窮的人們進入他們的社區，會作何感想。然而，這些影響並非富有的人們所期待的。擴展取得較佳住所的管道，對郊區社區的犯罪率絕對毫無影響。再者，多投資那些已經擁有高犯罪率的社區能協助減少犯罪事件。除了提供負擔得起的住所，它也讓社區重新恢復生氣，減少塗鴉、荒廢土地及破舊房屋。

這些研究顯示，除了知識或自制力，社會經濟條件在違法及傷害性行為上，扮演了重要的角色。低自制力及貧乏的社會經濟條件之間也有關聯。童年剝奪能深刻地傷害人們的個人發展，以及他們過著守法生活的能力。

只因為某人貧窮、早年輟學或是沒有取得穩定住所的管道，並不代表他們會從事犯罪行為。每個人都會遭遇困境，而困境有許多來源。人們或許無法取得工作、收支平衡、找到住所，或是念完書。他們可能在家中面臨衝突及虐待。他們可能和老闆或同事不合。或是他們可能和鄰居或社區裡的其他人處不來。壓力是生活的一部分，這種壓力通常具有外在因素。不過有些人透過違法來應付這種壓力。犯罪學家把這個稱為**緊張**，並且發展出一套緊張理論，說明包括社會經濟壓力源在內的環境能迫使人們做出異常行為。這個核心理念是，不同類型的目的或壓力知覺能使得人們做出犯罪或異常的行為。

一般緊張理論的建立要歸功於埃默里大學的社會學家羅伯特・艾格紐（Robert Agnew）。在艾格紐所寫的《被迫犯罪》（*Pressured into Crime*）一書中，它說明哪種壓力類型會迫使人們做出異常行為。第一組壓力大多影響青少年：父母拒絕；不規律、過度或嚴厲的照料及管教；兒童虐待及疏忽；學校的負面經驗；還有同儕的凌虐關係。第二組壓力大多發生在成年人身上：婚姻問題、失業，或是令人不快、低薪、低聲望及不穩定的工作。第三組壓力適用於所有群組：渴望刺激；無法達到目標、狀態，或獲得想要的金錢；成為犯罪受害者的經歷，或是住在一個貧窮的社區；無家可歸；以及歧視。這些壓力觸發負面情緒及憤怒，而人們有時會透過從事異常及犯罪行為來應對處理。

艾格紐也分析是什麼讓有些人透過犯罪來應付壓力。他說明，壓力比較可能會造成犯罪，是在人們缺乏社會及解決問題的技能、具有有限的自制力、金錢及教育都低於平均水平、比較不相信自身的成功能力。艾格紐也指向社會背景，顯示當人們缺少促進自身成功的社會支援時，壓力比較可能導致犯罪。他也顯示社會連結議題，比方說，和父母具有有限的感情連結時，或是當人們生活在「混亂」的社群，不會彼此互相照應。艾格紐也主張，假如人們的同儕做出犯罪行為，或是容忍這類行為，以及在擁有犯罪行為的好機會時，比較可能會導致犯罪。

一般緊張理論複雜又廣泛。它把我們先前看過的行為密碼中，許多重要的層面集結起來。我們看到公平對待很重要，就像是關於程序正義及犯罪的研究結果。我們看到社會背景很重要，就像是關於社會規範、文化規範，以及社會學習的理念。我們看到犯罪行為的機會很重要。我們也看到，自制力和社會及經濟機會很重要。

一般緊張理論的複雜性使得對它進行實徵試驗很困難。有許多不同形態的壓力在發揮作用，這些能觸發許多負面情緒，還有許多潛在個人技能及能力，以及社會及社群特質會影響人們如何處理壓力。然而，有大量的學者在一九九〇年代開始出現，探究一般緊張理論的基本原則如何能善加說明異常及犯罪行為。一份針對這類型研究的近期回顧證實了幾項核心原則。整體理論及其所有元素尚未受到完全證明，不過在壓力、發展負面情緒及從事犯罪行為之間，有一條明顯的連結。

根據我們從一般緊張理論所學到的，要減少不當行為，我們可以嘗試改變背景，減少緊張和壓力，支持人們，讓他們能學習更適當地應對可能導致他們犯罪的壓力，或者兩者都是。

艾格紐在他所寫的緊張理論一書中，提出幾種政策性建議。比方說，他提議資助父母訓練計畫，讓父母能和孩子建立更好的感情連結，防止孩子長大後感受到父母拒絕、不規律或過度管教，更別提孩童虐待或疏忽。這種計畫教導父母如何管教，以及如何應付他們和孩子或孩子之間的衝突。這也會有效地改善孩子的自制力。另一個方法是資助校內的反霸凌計畫，讓孩子不會在校內的壓力或同儕凌虐之下成長，負面地影響他們的自尊及自我勝任感。另一個選項是聚焦在一般的學校，重新訓練教師（教導他們如何與學生互動），改變學校的紀律處分規則，為高風險青少年設置額外的課程活動，或是提供更多的學業及諮商計畫。這類計畫有助於減輕和老師的負面關係，以及學校參與度普遍較低的壓力。艾格紐也把焦點放在如何支持人們，讓他們能更順利地避開壓力，或是應付它。這裡的理念包括社會技能及問題解決訓練、憤怒管理計畫、教導孩子如何設定實際目標的訓練，以及監控能增進社會支持的計畫，像是大哥哥大姊姊或男孩與女孩社團。

艾格紐也透過政府支援計畫，探討更廣義的政治干預。因為正如我們所見，犯罪經常源自困難的社會經濟條件，以及這些條件帶來的壓力，因此透過提供獎學金、失業補助、健康照護管道，以及住宅來解決它，是最合理的做法。擴展健康保險、降低學費，或者甚至制定基本全民收入，不只能解決這些計畫的主要目標，也有減少犯罪的次要效果，可能帶來雙贏的局面。

這一切帶我們來到本章的核心。法律對於行為的效力，主要仰賴人們以法律要求的方式採取行動的能力。不管我們喜歡與否，人們的個人條件及他們生活其中的更廣義社會及經濟背景，可能破壞他們服從的能力。

瑪麗亞．莎拉波娃違反了禁藥管制，因為她不知道那些規則。派崔克．馬爾波勒不斷偷竊，因為他控制不了自己的衝動。在學校的孩子因為壓力及種族歧視，開始做出不當行為，違反校規，也因為他覺得他必須保護自己的尊嚴。公司負責人開始開空頭支票，因為她覺得她必須救她的公司以及養家。

這些案例的每一起，人們因為身處的情況而違反規則。他們要不是缺乏某些能力，像是法律知識或自制力，要不就是在一個他們試圖應付的背景之中，生活在壓力下。這些陳述的每一個都能被視為是替不當行為找藉口。但是我們不是要原諒它，我們是在說明它為何發生，以及為何將會持續發生。這些陳述的每一個都顯示，行為密碼是如何發揮作用。它們顯示，違規的行為不只是人們衡量損失及收益的一種自由決定，或是對懲罰威脅的回應。不當行為存在的另一個原因是，人們缺乏理解力、能力或機會，做出較好的行為以及服從法律。

要汲取行為密碼的優點，改善人們對法律的回應，是一種非常困難的方法。我們有警察和其他人設法管教人們，做出好的行為；經濟學家設法制定正確的誘因；人們扮演典範，對社會做出更好的行為影響；還有其他人試圖道德勸說人們，順從是正確的行為。不過其他角色也不可少，例如教育者、諮商者及投資者。教育者能教導人們法律是什麼，要如何遵守，以及在它們前方的潛在路徑是什麼。諮商者能協助人們強化他們的自制力，讓他們有能力以更正向，以及比較不會帶來傷害或違法的行為，去應付生活中的挑戰。投資者能把焦點放在社會經濟機會上，確保更多人能達到他們的願望，減少他們的整體壓力及緊張。

這一切都不容易，而且有許多會令人感到不自在。把規則破壞者視為壞人，只對痛苦及懲罰有回應，這樣或許感覺好多了。要完全汲取行為密碼的這一部分優點，需要某種特定的心態，一種正向觀點，相信大多數人及不當行為依然是有可塑性的。它需要在人性之中看到希望。

Chapter 8

恐怖分子的減速丘

「當你丟炸彈，你也會被炸；當你殺人，你也會被殺。」來自兩名恐怖分子的錄影威脅很清楚。這些人隸屬於來自東倫敦地區，沃爾珊斯托，一群成了激進恐怖分子的年輕人團體。

這個恐怖分子團體正在策劃另一項九一一行動，雖然賓拉登的秘密計畫涉及四架客機，報告指出這些人打算在一次攻擊中，目標瞄準破紀錄的十架飛機。根據倫敦都會區警察局副局長表示，他們的策劃是「以一種無法想像的規模進行大屠殺」。

這些年輕人搜尋新方法來炸毀飛機。他們的想法是把炸彈組件通過安檢偷帶進去，然後在機上組裝。這種方法的關鍵是使用混合過氧化氫和其他化學物，精心打造的新液體形態爆裂物。根據這個團體的內部電子郵件，他們已經積聚了大量的化學物儲備物資，代號是「卡文克萊鬍後水」。

問題在於如何把這些化學物偷偷帶上飛機。這個團體想到一個簡單的方法：把這些化學物裝在飲料罐裡。炸彈偽裝成可口可樂。或者在這個案例來說，是一種叫做葡萄適（Lucozade）的運動飲料。

這個恐怖分子團體的裝置小到足以輕易地偷帶進去，在商務客機的密閉空間裡組裝。然而，在組裝時，這種大小正好能在機身炸出一個洞，讓飛機墜毀。

在兩名年輕人錄製他們的錄影威脅時，他們不知道警方正在聽取他們說的每件事，以及監視他們。英國情報單位對這個團體的首腦阿布杜拉·阿米德·阿里（Abdulla Ahmed Ali）產生了興趣，因為他和英國擁護暴力的其他激進分子有聯絡。他們追蹤他一陣子，當他從一趟前往巴基斯坦的旅行回到倫敦時，警方祕密搜查他的行李。他們意外地找到一瓶菓珍（Tang），一種超甜的鮮橘色粉狀飲料混合物，還有大量的電池。警方在好奇之餘，決定深入追查。接下來發生的事便成了英國有史以來最大型的監控行動之一。

監控行動進行兩個月之後，就在那兩名年輕人錄製影片後的一天內，蘇格蘭場決定時機成熟了，要出手阻止這場恐怖分子行動。警方逮捕二十一人，而且在搜捕的過程中，他們發現了製造炸彈的材料、聖戰士文宣、國際匯款收據，以及六支恐怖分子烈士的影片。

不久後，英國的航空公司高層主管接到一通電話。蘇格蘭場告訴他們，在收到進一步通知之前，所有隨身行李都不准帶上商務客機。從那時起，乘客只能攜帶他們的皮夾和錢包。就連筆都不准帶，因為當局害怕墨水會含有液體炸藥。僅有的例外之一是母親能攜帶餵食嬰兒的牛奶，但是她們必須先喝一些，表示那是安全的。

這些都是極端的步驟。然而，英國當局只是想確保，如果他們在打擊恐怖組織的過程中未能抓住所有潛在的恐怖分子，那些漏網之魚也無法進行有計劃的或報復性的襲擊。

這些預防措施的立即效果是，在歐洲最繁忙、也是全世界國際旅客第二多的倫敦希斯洛機場，幾乎整個大停擺。人們為了無法帶手機上飛機而氣憤不已。許多要前往法國及比利時的乘客，決定改搭經由海底隧道連接英國及法國的歐洲之星，只因為他們不想放棄自己的手機。許多人把手機交出去，卻再也沒拿回來過，因為航空公司沒有做好處理這麼多手機的後勤準備。如果這樣還不夠的話，飛機貨艙沒有空間容納那些原本是隨身攜帶的行李。在短短一週內，英國主要的航空公司英國航空不得不取消一千五百次航班。

毫不令人意外的是，這些禁止所有隨身行李登機的初期規則並未持續太久。不過在揭發了炸彈秘密計畫之後，我們登機的方式在全世界都出現了巨大的改變。這項密謀的直接後果是，乘客不再被允許攜帶大量的液體、噴霧劑及凝膠狀物體（安檢人員所稱的 LAG）。在大部分的機場，乘客必須把攜帶的液體取出，放在一個透明塑膠袋裡，和隨身行李分開掃描。

我們有這些規定，這是我們從一場避免發生的恐怖攻擊中學到的。我們學到了有造成巨大傷害的新方法，我們學到了攻擊者能如何造成這種傷害。與其仰賴加強懲罰或是把恐怖分子關進牢裡，防止未來發生類似的攻擊，我們採取了不同的方式。我們藉著了解如何造成攻擊，學到了能採取哪些實際步驟，使得攻擊更加困難，或者更理想的是，不可能造成攻擊。

這一切顯示了一種應付不當行為的新方法。除了設法使用誘因或社會規範來激勵人們，或是支持及協助人們過著守法的生活，我們也能在一開始就讓做出不當行為變得更困難或不可能。

日常活動及情境犯罪

一九六〇年代，在美國發生了奇怪的事。一般來說，經濟發展繁榮，許多人覺得生活大為改善。整體看來，就業、高中畢業、薪資，以及一般生活標準都提高了。然而，令人擔憂的是，在一九六〇及一九七〇年代早期，當社會經濟條件普遍改善之際，犯罪率驟升，尤其是在財產犯罪方面。根據聯邦調查局統一犯罪報告，在一九六〇年到一九七五年間，入室竊盜率翻倍成長。

這兩種相對趨勢的結合令犯罪學家羅倫斯．柯恩（Lawrence Cohen）及馬可斯．費爾森（Marcus Felson）感到困惑不解。當時的常識是，在有好的社會經濟機會時，例如教育、住宅及就業，犯罪率應該會下降。不過發生的情況正好相反，因此柯恩及費爾森決定深入調查數據，找出究竟發生了什麼事。

他們首先針對犯罪數據進行深度分析。柯恩及費爾森調查哪種類型的人會成為受害者（就年齡、性別、職業、婚姻狀況來看）、犯罪在哪些地方發生（在家裡或其他地方），以及受害者是否認識犯罪者。這些都是高品質犯罪研究的例行公事，不過他們的研究獨到之處在於，他們也決定更深入檢視在這段期間的日常活動。比方說，他們檢視女性就業數據女性上班的時段，以及她們會在家的時間。不只如此，柯恩及費爾森也進一步檢視消費者數據，尤其是人們購買的物品種類，不只是物品的價值及類別，還有它們有多大及多重。

柯恩及費爾森透過深入分析，發現了一些模式，可以說明社會經濟條件改善及竊盜率增加之間，或許違反直覺的連結。這些數據顯示，在一九六〇年代，經濟繁榮及性別角色文化改變的期間，越來越多的女性離開家裡，出去上班或上學。在一九六〇到一九七〇年間，女性學生人數增加了百分之一百一十八。更多人開始獨居，在同樣這段期間增加了百分之三十四。結果美國的住家更常空無一人，尤其是在早上的時段。

越來越多人也走出家門去度假，以及離開鎮上去旅行，在有權休假三週的工廠員工部分增加了百分之一百四十四，而在一九六〇及一九七〇年間，海外旅行部分則增加了百分之一百八十八。和一九六七年相比，一九七二年的美國度假人數多了百分之八十一。

因此在可預期的時間內，有了更多空無一人的房屋。

這些數據也顯示，人們購買的物品也出現重大改變。科技的進步減少了電子裝置的大小及重量，例如收音機、電視及音響設備。要想像這一幕，就像柯恩及費爾森一樣，我們來比較一九六〇年和一九七〇年的西爾斯（Sears）百貨型錄的敘述。在一九六〇年的型錄中，重量最輕的特價電視重達三十八磅。在一九七〇年，最輕的電視只有十五磅，還不到一半的大小。電視的重量較輕，不只容易搬運，每磅的價值提高了，對許多產品來說也是如此。依照柯恩及費爾森引述，根據消費者報告發行的一九七五年購買指南，一臺國際牌汽車卡帶播放器每磅值三十美元，而一個飛利浦電唱機針匣的價值高達每磅五千美元。當美國的所得攀升，人們會買更多這種高價的家用電子產品。

這兩種趨勢一起刺激了財產竊盜的增加。柯恩及費爾森聰明地發現，闖空門的竊賊是利用無人看守的空屋，以及屋內大量容易搬動的新款高價物品，組成了完美的結合。

柯恩及費爾森在入室竊盜之外進行分析，想看它是否也適用在其他的犯罪。為了這麼做，他們制定一套綜合數據集，包含五種罪行（殺人、強暴、重傷害、搶劫，以及入室竊盜）的犯罪率，試圖將它們與人們的日常活動做連結。他們的分析顯示，在這五種罪行的犯罪率及人們在日常活動中的冒險程度之間，有強大的關係。

柯恩及費爾森把他們的概念稱為**日常活動理論**。這個概念是，人們的日常活動，包括他們住在哪裡、和誰住在一起、買些什麼、是否在住家以外工作，以及是否會度假，會影響犯罪。研究者認為，有三項核心元素會影響日常活動如何導致犯罪。首先，一定要有一個有動機的犯罪者。很顯然地，假如人們沒有犯罪動機，就不會發生什麼罪行。因此，在一九六〇及一九七〇年代，入室竊盜的高峰期，一定是有人想闖入別人的家裡偷竊。其次，一定會有有價值的目標。有房子裡裝滿了重量輕又有價值的物品，例如收音機、較小型的彩色電視機，或是體積小但價格昂貴的鑽石唱盤唱針。最後，目標應該沒有良好的防護。在這種情況下，屋主更常是獨居，更常出門，以及更可預期地外出，在無人看守的屋子裡留下他們的貴重物品。

自從柯恩及費爾森在一九七九年發表了原著論文之後，日常活動理論激發了犯罪學的一個全新領域。在那之後的數十年，柯恩及費爾森的概念被拿來測試說明各種不同的非法行為，包括性犯罪、搶劫、醫療詐欺，以及碳排放交易騙局。賓州大學文理學院及明尼蘇達州矯正司的蘇珊・麥尼利（Susan

McNeeley）在二〇一五年發表一份系統文獻回顧，檢視三十二份關於日常活動理論的論文。麥尼利表示：「結果顯示明確的支持模式，和所有四項主要概念的假設效應一致。多變項研究結果為：⑴監控更可能成為保護因子的機率超過五倍，⑵目標吸引力更可能成為危險因子的機率是三點三三倍，⑶異常生活形態更可能成為危險因子的機率為七點四倍，以及⑷接觸潛在犯罪者更可能成為危險因子的機率是三點一二倍。」

日常活動理論提供了簡單的框架以分析犯罪風險。我們所需要的是找出有價值（令人渴望的）目標是否受到足夠的保護，避免潛在（有動機的）犯罪者下手。就像禁止攜帶液體上飛機的限制一樣，日常活動理論的重點在於，藉由去除不當行為的機會來減少犯罪。

這個概念是，我們能藉由減少便利的機會來保護自己，免受犯罪的干擾，而這是相當直覺的反應。每天當我們離開家門時，大部分的人都會鎖門。有些人會啟動房屋警報器。我們停好汽車或腳踏車時，大部分的人會自然地上鎖。大部分的人在晚上獨行時，會避開沒有燈光的陰暗市區。我們也都會透過防火牆及防毒軟體（或是相信蘋果產品會替我們做這件事），保護我們的電腦免受駭客及惡意軟體的侵害。

日常活動理論也適用在網路世界。顯然地，人們會成為網路犯罪的受害者，因為對於有動機的犯罪者來說，他們變成適合及容易接近的目標，而且缺乏有效的監控。犯罪學家崔維斯．皮瑞特（Travis Pratt）及同僚發現，在網路購物的人更可能成為網路騙局目標的機率是百分之二百九十。有無數的研究發現類似的結果。有一項研究發現，大學生如果在聊天室花較多的時間，或者甚至和從事網路違法行為（例如數位盜版或駭客行為）的朋友交往，則更有可能成為網路騷擾的受害者。正如任何記得 BitTorrent、LimeWire 及 Napster 全盛期的人都能證實，另一項研究發現，使用盜版數位媒體內容的人，更可能成為惡意軟體感染的受害者。雖然後面這項研究結果似乎顯而易見，它確實顯示我們在日常生活決定怎麼做，會替以我們為目標的犯罪者製造機會。我們一旦知道是什麼讓人們成為有吸引力的目標，我們就能協助他們保護自己。

教育身陷風險的人們，是保護他們免受傷害的好方法。這不是新鮮事。警局長期以來建議人們要使用什麼警報器、門鎖、大門及窗戶，保護他們免於遭到闖空門。軟體公司教育我們，使用防火牆及防毒軟體，保護我們安全，免於遭受駭客及網路攻擊。在職場上，我們定期收到訊息，告知最近的網路釣魚攻擊，警告我們不要下載附件或點擊連結，除非我們確知那是來自合法的來源。而且我們應該要注意這些。

這一切都夠簡單了。但是這裡有一個大問題：有譴責受害者的明顯危險。這種現象在性騷擾及暴力案件之中最明顯。女性經常在性侵害事件遭到責備，因為她們穿的服裝、她們喝的啤酒，或是她們走路的地方。假如我們把焦點放在受害者做了什麼，想要藉此降低性騷擾或暴力的風險，我們最後很可能會為了受害者所遭受的傷害而責備他們。這是非常麻煩的問題，經常引發日常活動理論的討論。幸運的是，有一種不同的方法把焦點減少放在受害者身上，而是更著重在非法或傷害性行為發生的實際情境。要了解這種「情境犯罪預防」方法，思考一下一九七〇年代在德國發生的事。

一九七六年一月，西德採用一條法律，要求騎乘時速能超過四十哩的摩托車時，騎士要配戴安全帽。兩年後，這些規則擴展到也適用於較小動力，時速達二十五哩的機車。起初，這條法律沒有任何罰款或罰則，不過西德立法者在一九八〇年增加了罰金。

戴安全帽顯然是個好主意，騎摩托車會變得比較安全。不過法律也有意想不到的附加效果。在採用安全帽法令之後，從一九七六到一九七九年，摩托車失竊率維持相當穩定。不過在一九八〇年之後，當該條法規增加了罰款之後，摩托車失竊率開始急遽下降了。

在安全帽法規、被逮到未戴安全帽的人要繳納罰款，以及摩托車失竊率下降趨勢之間，似乎有一種連結。不過在我們能做出結論，表示確實有連結之前，我們必須排除替代解釋。可能產生影響的因素之一是西德年輕人口的輕微下降。青少年的衝動控制力較弱，也比成年人更容易受到同儕影響。這些發展影響使得他們更容易從事異常、犯罪及魯莽的行為，像是偷摩托車去兜風之類。因此這個年齡族群的人數下降，可能也解釋了摩托車失竊率的下降。這不是說年輕人只偷摩托車。考慮到所有其他類型的失竊案在這六年來實際上增加了，從一百八十六萬起增加到二百二十六萬起，這不是一個看似合理的替代解釋。

排除這些和其他替代解釋，在英國內政部研究及策劃小組服務的派特．梅修（Pat Mayhew）和同僚做出結論，安全帽法規在摩托車失竊率的降低扮演了重要的角色。在過去，摩托車竊賊看起來跟任何其他摩托車騎士沒兩樣。不過在制定安全帽法規之後，偷了摩托車之後不戴安全帽騎走，會引來警方的注意。因此，除非竊賊先採取步驟，攜帶自己的安全帽，否則偷摩托車就變得更困難了。梅修及同僚發現類似的數據顯示，安全帽法規和倫敦的摩托車失竊率減少百分之二十四，以及在荷蘭減少百分之三十六，都有關聯。

派特．梅休的共同作者之一是羅格斯大學（Rutgers University）刑事司法學院院長，羅伯特．克拉克（Robert Clarke）。克拉克利用摩托車法規數據，研究出一種新方法來對付犯罪。他把他的方法稱為**情境犯罪預防**。他主張犯罪不該只是以專注在轉移潛在犯罪者的動機來解決。即使我們能證實犯罪行為源自於個人特質或更廣泛的社會結構，這種知識經常提供非常有限的實質指引，協助減少犯罪。

相反地，克拉克把焦點放在讓非法行為有可能發生之前的情境。違法行為要看機會。因此克拉克在受害者及標的物強化之外，把焦點放在犯罪活動可以發生的背景和環境。比方說，克拉克表明數據，顯示設置較佳街道照明的城市，犯罪程度會大幅下降。一份近期的系統文獻回顧涵蓋八項美國研究及五項英國研究，內容是街燈對犯罪程度的影響，結果證實了這點：改善街燈平均能減少百分之二十一的犯罪率。

最近，荷蘭經濟學家把這些見解應用在阿姆斯特丹王宮進行的一項實驗。王宮建造於十七世紀，做為市政廳之用，後來在拿破崙占據荷蘭之後，改為皇室產業，是這座城市過往年代的驕傲象徵。不幸的是，它也成為大眾小解的熱門地點。許多參加派對狂歡的當地人及喝醉的遊客經常會在它的牆邊解放。

多年來，當局設法解決這個問題。首先，他們嘗試額外的監視及警告。然後他們嘗試實體障礙，不過那些也不管用。什麼都沒有用。直到兩位經濟學家，羅伯特・杜爾（Robert Dur）及班・沃拉德（Ben Vollaard）開始他們為期七個月的實驗，要求他們分析大眾小解的錄影片段。在這段期間，他們在王宮設置新的照明系統，而且在派對狂歡者經常小解的建築物角落，以隨機的間隔改變照在那些角落的光量。他們發現藉由點亮燈光，他們能減少半數的大眾小解機率。

和德國漢堡相比，這聽起來像個較容易也較好的解決方法。漢堡市設法阻止大眾在當地最熱鬧的夜生活地區聖保利隨地小便。當地政府使用超乾燥（Ultra-Ever Dry），一種能防止液體的防水型油漆。它的效果是當有人尿在上面，表面會立刻把它反彈回去。他們也在整個地區設置告示，警告可能的犯罪者：「我們會尿回去。」

假如實際環境有關係，像是照明的東西能影響犯罪，那麼我們必須更廣泛地探討建築樣式及都市計畫。奧斯卡．紐曼（Oscar Newman）的「防禦空間」理論具有最大的影響力。紐曼是建築師及城市規劃者，他在一九七二年發表了針對美國各地社區的各種犯罪及失序所進行的一項複雜研究之後，主張建築物的高度及建築樣式對犯罪造成影響。紐曼嚴厲批評迅速增長的高層公共住宅開發，認為它們比低層住宅社區有著高出許多的犯罪率。他聲稱在較低矮的建築物，空間界線比較清楚，居民可以劃分「自己的」空間，因此對於它的安全性能負起責任，也能夠掌控。紐曼也聚焦在實質面向，打造出能夠帶來或破壞監控機會的環境。高層建築帶來更多監控的障礙：密閉式的大廳、電梯及樓梯間，以及擋住面向街道的景觀。

情境犯罪預防方法不只是關於改變實際環境，它也是關於減少取得會造成傷害性行為的物品。克拉克指出，改變人們家裡的瓦斯供應方式對自殺率的影響。在一九五八年到一九七七年，英格蘭及威爾斯的自殺事件，有百分之二十五和使用瓦斯有關。人們使用自家的爐灶，利用一氧化碳自殺。然而，在一九六〇年代，生產瓦斯的方式改變，降低了一氧化碳含量，而且當英國改用北海天然瓦斯時，所有有毒的一氧化碳都消除了。因此，到了一九七七年，只有百分之零點二的自殺事件和家用瓦斯有關。整體的自殺事件從一九五八年的五千二百九十八起，降低到一九七七年的三千九百四十四起。當然了，這種下降一定還有更多原因，不過克拉克的結論是，當你無法在家取得簡單又無痛的自殺物品時，「許多原本要自殺的人便沒有這麼做了。」

這個概念是，我們可以藉由改變取得那些會造成重大後果的物品管道，減少犯罪和其他傷害性行為。我們可以藉由管制誰能買噴漆來減少塗鴉。我們可以藉由管制槍枝或彈藥的取得管道，減少槍擊事件。我們能藉由供給顧客較厚或防碎的啤酒玻璃杯，讓他們無法再拿碎片當武器。

多年來，克拉克及他的共同作者把情境犯罪預防策略分成二十五個類別。其中有許多類別都成為我們日常生活不可或缺的部分，因為假如我們放眼望去，無論是在街上、商店裡或汽車裡，都可以看得到它們。不過對於這種成了我們實體空間的一部分，也保護我們安全，免於傷害的隱形密碼，我們經常沒有注意到其中的重要元素。商店在商品加裝標籤，假如我們離開商店卻未付款，它就會觸發警鈴，讓順手牽羊變得困難。更糟的是，有些標籤會觸發染劑，沾染被偷的物品。在大街上，監視器會使得犯罪活動更容易偵測。我們不再有大額鈔票，像是尼克森總統在一九六九年下令不再流通的千元美鈔，以及即將消失不復存在的五百歐元鈔票。在這兩個案例中，它們消失的理由是，這些大額鈔票會使得犯罪者能輕易運送大量現金。總額一百萬歐元的五百歐元鈔票只有二點二公斤重（美鈔則是不到五磅重），可以輕易地裝進行李箱。等值的五十歐元鈔票重量則是十倍，高達二十二公斤（大約五十磅）。

這種犯罪預防手法不是新鮮事。想想看古老的牛隻烙印，這會使得偷牛賊更難保留或賣掉偷來的動物。事實上，情境犯罪預防方法具有橫跨幾世紀，悠久又豐富的歷史。我們可以在中世紀的英格蘭發現它的蹤跡。一二八五年，英王愛德華一世採用一項法律，《溫徹斯特法》，要求地主清除沿著公路旁潛在搶劫犯可能藏匿的地方，例如溝渠及植被。假如他們沒做到，該項法律會讓這些地主為公路沿線地區的犯罪事件負起責任。

二〇〇五年，美國國會通過一項法律，要求在像是Sudafed的產品中會發現的解鼻充血劑偽麻黃鹼，再也不得毫無管制地臨櫃販售。該項法律限制患者購買七點五公克，藥局必須記錄銷售，有些州也要求個別處方箋。這一切都不是出自對於病患的關心而做，而是為了打擊非法藥物的製造。

偽麻黃鹼是製造結晶甲安也就是令人成癮的結晶甲基安非他命，俗稱「冰毒」，最強效類型甲安的主要成分。《防治甲基安非他命法》依循克拉克的方法，合法管制偽麻黃鹼的取得。起初為了因應，甲安製造者試圖派年輕人盡可能在許多不同的地區，盡量取得單包裝的偽麻黃鹼，這種做法俗稱「遊襲」。然而，新法令使得達到足夠規模的生產有困難。

住家實驗室無法順利取得關鍵成分，美國各地的甲基生產量驟降。正如一名檢察官回顧時表示：「這就像是有人關掉了開關。」然而，這種效果並未持續。墨西哥販毒集團進駐，填補了法律製造的空隙。少了美國住家實驗室的競爭，販毒集團獨占了龐大的市場。他們能研發出更高品質的產品，售價更低，販售到美國各地。讚許這項法令的同一位檢察官，在二〇一八年向《紐約時報》說明：「只要有空隙，就有人會補位。」

當墨西哥試圖追隨美國的範例，管制偽麻黃鹼的取得管道時，墨西哥製造者換了一套不同的製毒程序，用不著偽麻黃鹼。這個販毒集團的程序使用苯基丙酮，雖然這種物質受到管制，但是製造相當容易。結果對毒品執法及甲安相關死亡來說，都釀成一場災難。二〇一五年，死於甲安的人數有將近六千人，這是在二〇〇五年，《防治甲基安非他命法》開始執行時，同樣死於甲安人數的兩倍。到了二〇一六年，在奧勒岡，甲安致死的人數是海洛因的兩倍。在波特蘭，幾近一半的汽車竊盜案是由甲安毒蟲犯下的。在蒙大拿州，二〇一〇到二〇一五年間，甲安相關的逮捕率增加了三倍。南達科塔州總檢察長宣告全州甲安氾濫。在某些州，甲安成了毒品相關的頭號殺手，甚至是在當前鴉片類藥物氾濫的高峰期。封鎖製造甲安的機會一開始奏效，但是時間一長便失效了。事實上，它讓情況變得更糟了。

這種機會方法的一大敗筆是，它能帶來替代或改造方案。假如我們在第一街和第三街增設減速丘，可能會增加第二街的高速行駛。在這種方法中，結果可能逐漸惡化，犯罪者會使用更暴力及更強烈的手法。有一項研究發現，倫敦郵局在顧客及櫃員之間採用玻璃窗之後，搶匪開始使用更多武器了。汽車採用安全警報器之後，一般汽車竊盜，也就是竊賊闖入停好的車，然後加速逃逸的案件減少了。不過它可能導致汽車挾持案增加，駕駛在槍口底下被迫交出那部車。

這裡有部分的問題是，機會方法可能也造成誰會淪為犯罪受害者的不平等。在德國，方向盤鎖法減少了汽車竊盜案，不過在美國，汽車竊盜率幾乎維持不變。其中的差異處是，美國只要求新車要有防盜裝置。買不起新車的人成了汽車賊的首要，又或者是唯一的目標。

隨著時間過去，有許多實徵研究探討減少犯罪機會的介入具有的潛在替代效果。在一份系統文獻回顧中，犯罪學家羅伯・古瑞特（Rob Guerette）及凱特・鮑爾斯（Kate Bowers）集結了一百零二份現存研究，發現在略微超過百分之二十五的案例中，有某些類型的替代效果。然而，他們發現，犯罪率降低效果整體來說大幅超過替代效果。總的來說，比起替代，阻絕犯罪機會更能防止犯罪。

不只如此，有時候情境犯罪預防具有正向的「月暈效應」，減少的犯罪及不當行為超過原本的規模。沒有保全的房屋因為社區裡有保全的房屋而獲益。監視器降低汽車竊盜率，不只是在裝設這些設備的停車場如此，對那些沒有監視器的地方也有幫助。

監獄是否使得罪犯失能？

「快讓開，有人拿著一把刀。」奎格・海斯寇特（Craig Heathcote）是一位製片，當他在二〇一九年十一月二十九日的午後，走在倫敦橋附近時，聽到有人對他這麼說。不久後，在他周遭的人都奔跑逃命，因為有一名攻擊者顯然穿了一件炸彈背心，正在位於大橋對面的魚販大廳裡，持刀亂砍地衝向人群。勇敢的旁觀者設法阻止那位攻擊者。有人揮舞一支滅火器，另一個人從大廳牆上拿了一支裝飾用的鯨魚長牙，衝向攻擊者。攻擊者終於停止了，因為旁觀群眾制伏了他，把他壓制在地上。其中有一位回憶說：「我踩住他的左手腕，另外有人把他的手啪地甩在地上，然後把其中一把刀踢開。」幸好他的炸彈背心是假的，然而這場攻擊最後造成二死三傷，後來恐怖組織伊斯蘭國聲稱這是他們所發起的行動。

殺手是一名二十八歲的男子，來自英格蘭斯塔福。讓全球的人大為震驚的是，他是知名且遭到判刑確定的恐怖分子，曾為了密謀炸毀倫敦證券交易所，在洗手間放置爆裂物，因此入獄服刑。他在二〇一三年被判刑入獄十六年，不過在服滿一半刑期之後便出獄了。

英國的政治回應非常強烈。首相強生表示判決應該「硬起來」。他又說：「我一直以來都主張，允許嚴重及暴力罪犯提早出獄是一種錯誤。」英國國家反恐安全室的前主任表示：「我們拿人民的生命賭俄羅斯輪盤，讓判刑確定、已知的激進蓋達罪犯在我們的大街上走動。」

這個案子顯示，人們相信監禁具有明確的目的：要保護社會安全，免受犯罪者的侵害。就某方面來說，監禁是情境犯罪預防的終極形態。入獄服刑應該奪走囚犯再犯的機會，或者至少是他們在監獄之外衝擊社會的能力。犯罪學家把這個叫做**隔離效果**。

依照這個邏輯，懲罰能透過隔離來減少採取不當行為的機會。這不光是監禁而已。懲罰可以將瀆職的律師取消資格，它可以將造成嚴重汙染的公司撤銷執照，它可以防止人們參與工會活動，就像是發生在吉米·霍法（Jimmy Hoffa）身上的事，他因為詐欺、賄賂，以及以非法手段干預陪審團，在一九六四年遭到判刑確定，不過後來尼克森總統特赦了他。

隔離聽起來很棒，然而問題是：「它奏效嗎？」在針對監禁的隔離效果數據進行更深入探討後，發現它和犯罪的關聯並不如我們想的那麼明確。

針對監獄的隔離效果所進行的研究傾向於檢視，當我們只增加百分之一的監禁率時，犯罪會出現什麼情況。犯罪率會降低嗎？嗯，不盡然。這些研究的結果各異。有些估計犯罪率會減少百分之零點四，而其他的研究結果發現犯罪率一點也沒有減少。在回顧這類文獻時，美國國家研究委員會在二〇一四年做出結論：「對於犯罪率的監禁效果的規模，我們無法做出精準的估計，或者甚至是適度範圍的估計。」儘管這個主題有許多研究，我們就是無法證實監禁減少犯罪率的程度。然而，在過去四十年來，美國的監獄及監禁人口都增加了超過五倍以上。

隔離是反事實條件的。它是基於固有的，而且經常是明確的觀念，也就是監獄人口由冷酷強悍的犯罪者組成，假如放出來的話，他們會一再地犯罪。如果犯罪者不曾被關的話，他們會做什麼呢？

隔離背後的理念是，人們對於犯罪的傾向是穩定的。因此人們在多年後離開監獄時，會和他們被逮的那天一樣，可能會去犯罪。在一九九〇年代，年輕的犯罪者被視為無可救藥的「超級掠食者」，無法改變。當時，希拉蕊．柯林頓警告美國人：「他們再也不只是一群小混混。他們經常是那種被稱為超級掠食者的年輕人，毫無良知及同理心。」

在許多方面，柯林頓機械地重複一些當時的學術研究者所說的話，包括以個人觀點而惡名昭彰的普林斯頓政治科學學者約翰．迪尤里奧（John J. DiIulio）。他在各種電視訪談、學術文章，甚至是和柯林頓總統在白宮的晚宴中，分享他的想法。他居然聲稱犯罪的年輕人「對人命毫無一絲尊重，對未來也毫無感覺……這些是冷酷的掠食者」！

在一九九〇年代，政治人物及許多研究者談及青少年犯罪者的方式，嚴重影響一般大眾如何思考青少年犯罪以及青少年懲罰。這個年代產生的觀念是，對於青少年犯罪者，我們唯一能做的就是把他們關起來，扔掉鑰匙。假如我們把他們從社會中移除，這些「掠食者」就無法傷害我們。

這種超級掠食者的浮誇言詞有一個大問題，就是科學證據證明它完全是假的。犯罪的年輕人**並非**注定要成為一輩子的職業犯罪者。犯罪的傾向並不固定，更別提永久性了。

長期以來，研究者知道犯罪在青年期達到顛峰。從一九三〇年代起，不斷有研究顯示，一般冒險與犯罪行為都遵循一種類似的模式，看起來像是倒U。顯然地，犯罪在青年早期會攀升。然而，這個情況最重要的部分是，在青少年時期之後，從事犯罪行為的傾向快速下降。這就是「年齡犯罪」曲線。

在一項指標性研究中，研究者追蹤一千三百多名青年犯罪者超過七年的時間，從青年期進入成年期。這些青年為了經常是重罪等級的重大罪行，遭到逮捕及判決。猜猜看繼續犯罪的百分比有多少。你會猜百分之八十嗎？或是百分之六十？百分之四十？事實上，這些青年重罪犯之中，絕大多數後來都**停止**犯罪了。七年後，只有不到百分之九的人繼續以高頻率犯罪。

犯罪，甚至是犯下重罪的青少年，並非注定要成為一輩子的罪犯。犯罪在青年期達到高峰，並非因為青少年是危險的超級掠食者，而是因為青少年依然在發展他們的能力，包括控制他們的行為，思考他們的行動後果，以及拒絕同儕壓力。青少年不只是比成年人衝動，他們也比較可能把焦點放在危險情況下的潛在獎勵，而非潛在的負面後果，他們對於一時的情緒激動比較敏感。總之，青年的「心理成熟度」不如成年人，當他們的情緒受到刺激，或是和同儕在一起，或是兩者同時發生時，發展劣勢尤其巨大。假如我們思考發展不成熟，青年犯罪的高峰，更別提性愛、毒品，或是搖滾樂，就變得合理許多了。

因此人們的犯罪傾向並不固定。當我們回到關於隔離的違反事實問題，也就是判刑確定的罪犯如果不曾監禁會怎麼做，答案隨著時間改變。假如青少年或青年被判入獄二十年，有可能在前兩年時，隔離可能會防範有限的再犯機率，但是過了一年、三年，或許可能五年之後，大部分的人會因為年紀增長而不再犯罪了。考慮到絕大多數人會過了那個年紀，不再犯罪，因此長期監禁及隔離青年是不必要的，而且經常因為監禁的犯罪本質而產生反效果。因此，隔離具有報酬遞減的效果。刑期越長的話，受刑人會在獄中長大或變老，也就越不可能防止他們犯罪了。對於大多數判刑確定的罪犯來說，長期監禁到了某個階段，將無法對社會提供額外的保護。

當國家增加它們的監獄人口，不見得就是他們逮捕了更多從事十惡不赦罪行的終身罪犯。這也不代表它們以「更強硬」的態度來對付更兇惡的罪行。它們經常只是傾向於對更多**類型**的行為，也就是說比較不嚴重的罪行，採取較長也較具懲罰性的判決。當監獄人口以這種方式成長，免不了會納入越來越少真正危險的人。事實上，一項研究發現，當美國的監獄人口激增，監禁的隔離效果便驟降。這份研究主張，這其中具有報酬遞減效果，因為監獄人口包含了較少不知悔改的罪犯。「這種囚犯的邊際效應大幅下降，顯示最近監禁人數的增加是受到許多囚犯制度化的影響，和先前的時期相比，這些人對社會較不具威脅。」

隔離的概念也假定，當罪犯坐牢時，他們原本可能會犯的罪也消失了。然而，這其中忽略的事實是，對某些罪行及犯罪者來說，或許有其他人會遞補那個人的位置，也就是所謂的**重置效果**。想一想哥倫比亞的其他販毒集團，像是卡利集團遞補了麥德林集團首腦帕布羅．埃斯科巴（Pablo Escobar）留下的空缺。埃斯科巴遭到監禁，後來過著逃亡的生活，直到一九九三年遇害身亡。正如一份犯罪研究主張：「獄中囚犯原本要下手的那些有利可圖的犯罪機會，變得更加有機可乘時，非監禁人士的每次犯罪淨收益便提高了。」它直率地表示：「在某個特定地區的較高監禁率，可能會使得犯罪在當地居民的眼中變得更具吸引力。」

另一個問題是，許多犯罪者不是單打獨鬥。把一個犯罪者關進監獄裡，不會讓他們的同夥失去行動的能力。共同犯罪在青少年及幫派相關的犯罪中特別常見。有一項研究評估，當某人為了共同犯罪伏法，隔離的犯罪預防效果會減少三分之一。

這些研究所顯示的是，儘管透過監禁而隔離，看來或許是防止那些肯定會再犯的人去犯罪的一種方法，假如更多人被判處更長的刑期，監禁通常無法預防犯罪。因此，藉由減少社會上再犯的機會而使用監獄來防止犯罪，應該只保留給那些最糟的案例，不能一概套用。

別碰我們的槍

荷蘭東布拉奔警局的警長威伯特・保利森（Wilbert Paulissen）聽起來十分自豪。他的幹員逮到七百三十九位駕駛在高速公路上非法使用智慧型手機。在與荷蘭一家受歡迎的報紙進行訪談時，他回想他逮到這些魯莽駕駛的新方法。幹員們搭乘一輛大型巴士，通常是用來載遊客，因此他們能暗中觀察人們開車時使用手機。巴士上的高視角使得他們的監視工作出乎意料地容易。

荷蘭的這項措施是嚇阻人們分心駕駛的許多嘗試之一。在其他的案例中，當局求助於監視科技。澳洲甚至將交通監視器配備人工智慧，因此它們能自動檢視數百萬小時的影片，找出非法使用手機。政府發揮創意，設法逮到人們在開車時使用手機。它們這麼做是希望更好的偵測能強化人們對於懲罰的恐懼，因此這樣能嚇阻他們使用手機。

不過要是有更聰明的方式，不必執法就能嚇阻人們使用手機呢？要是我們能使得開車時使用手機變得非常困難或不可能呢？要是人們從來就沒能做決定呢？

假如你用過受歡迎的瑞典音樂串流應用程式Spotify，你可能會注意到，當你在行進中的車上使用時，它會有不同的動作。這個應用程式偵測到你正在開車，便轉換到公司所謂的「**車用瀏覽模式**」，提供較大的控制按鈕，讓使用這個應用程式時變得更容易。

我們的智慧型手機聰明到能偵測我們在車上，應用程式製造者也聰明到研發出能在我們開車時，改變運作方式的應用程式。這種科技存在已久。二〇一六年，德州一起手機分心駕駛釀成的車禍中，受害者家屬控告蘋果公司不曾預防這種已知的風險。家屬指向蘋果公司在二〇〇八年申請的專利，包括一種新技術能偵測手機正在移動，然後「鎖住」會損害駕駛的功能，例如傳簡訊。在申請專利時，這家科技巨擘甚至說明這項技術為何很重要：「開車時傳簡訊已經變得如此廣泛，我們懷疑執法對於阻止這種事會有任何顯著的效果。」

在與Spotify應用程式功能結合之後，手機能偵測它們在車上，然後轉換到不同的模式。所以，沒錯，手機裡的科技早已存在，能自動防止人們分心駕駛。而且這不只是手機裡的科技而已。一家小型科技公司，Cellcontrol販售一百二十九美元的裝置，使用高頻聲波來找出車上的手機。當它偵測到手機在駕駛座時，它會關掉影響安全駕駛的手機訊號。所以有更好的選擇能讓駕駛一開始就永遠無法使用手機，讓我們省下成本，不必租用巴士車隊或安裝人工智慧操作的監視器。

我們為何不使用這種科技呢？我們的法律為何不要求所有手機都有安全駕駛模式，以及所有的車都配備像是Cellcontrol的裝置呢？我們的法律為何不多利用機會方法，減少其他類型的不當行為呢？這裡的問題不是受害者譴責、犯罪轉移，或是犯罪重置效果。這是更根本的問題。要了解這點，讓我們回到一九七〇年代，人們最初拒絕在車上繫好安全帶。

一九七三年，美國國家公路交通安全管理局命令所有沒有安全氣囊的新車，必須有一套系統，在前座乘客沒有繫上安全帶時，防止汽車發動。這種啟動開關鎖有效地表示，如果沒有先繫好安全帶，你就不能開車。

這項指令原本可以徹底改變美國人的安全帶習慣。有沒有法律要求人們繫安全帶，其實無所謂。警察是否實際執行這項法規，其實也無所謂。人們是否看到其他人繫安全帶，其實也沒關係。假如沒有先繫好安全帶，車子便動不了，人們就別無選擇。發動開關鎖會完全消除繫安全帶的決定，因為它拿走了這個選項。

當美國大眾得知這項命令，他們氣壞了。管他的安全性，這項法規直接限制了他們身為駕駛及車主的自由。聯邦法律命令車上要裝設安全帶，這已經夠糟了。但是要不要真正使用安全帶，這是他們自己的事。國會隨即對大眾的憤怒做出回應。它採取一項新法規，禁止國家公路交通安全管理局指定啟動開關鎖及安全帶的配套措施。但是國會並未就此罷手。

你知道那個討人厭的安全帶警示系統，當你沒有盡快繫上安全帶就會發出警示聲？國會規定國家公路交通安全管理局不能要求警示聲要響八秒鐘以上。後來的研究發現，諷刺的是，只有響超過八秒的警示聲才會增加安全帶的使用率。

安全帶案例讓我們知道，使用機會方法具有政治上，以及甚至是道德的層面。安全帶的努力失敗了，因為政府的不信任加上直接侵犯個人自由的恐懼，這是情有可原的。減少非法行為機會的策略確實減少了自由的選擇。我們要政府減少我們的不當行為機會嗎？我們要我們的政府減少我們的自由嗎？集權主義的危險在潛伏中。

沒有任何其他的領域會比大規模槍擊案以及與槍枝相關的死亡事件，更能清楚看見這個議題。一九九六年八月，澳洲的一名男子持柯爾特 AR-15 SP1 輕型半自動步槍，在塔斯馬尼亞阿瑟港的一家咖啡店、禮品店及停車場，殺了三十五個人。澳洲立法機構的回應清楚又迅速：所有的州在聯邦協調之下，嚴加管制自動裝填步槍及獵槍的持有。政府也開始實施一項方案，要買回已經流通在外的槍枝，總數大約六十四萬三千把，花費約三億五千萬美元。顯然地，澳洲明白為了減少大規模槍擊事件，它必須採取機會方法，限制取得關鍵的賦能組件：槍枝。

美國在柯林頓總統的命令下，在一九九四年對突擊步槍實施聯邦禁令。和澳洲的情況類似，這項禁令實施的時間點，是在一連串的大規模槍擊事件之後，包括有一起是一九八九年在加州斯托克頓，三十四名學童和他們的老師遇害；一起是一九九一年在德州基林（Killeen），一家自助餐廳裡有二十七人遇害；一起是一九九三年在舊金山，槍手揮舞著兩把 TEC-9 半自動武器，上頭加裝了「地獄火」扳機，使它能達到全自動發射速度。然而，這項法規在二〇〇四年失效。從那時起，美國見證了一起又一起的槍擊事件，一次又一次的屠殺。這些名字刻在國人的心裡：桑迪胡克、帕克蘭、維吉尼亞理工學院、奧蘭多脈動、拉斯維加斯天堂市。美國十起最致命的槍擊案，沒有一件是在突擊步槍禁令實施期間發生的。有三起發生在突擊步槍禁令於一九九四年開始實施之前，另外七起，包括前五名，全都發生在禁令失效之後。

每次發生新的屠殺事件，美國似乎就分裂成兩派。所有的美國人都同意，大屠殺必須終止。不過一部分的人認為，解決方法在於減少這些毫無意義的殺戮的機會。這些人支持槍枝管制。他們大多認為這個問題的源頭是容易取得高危險的武器及高品質的彈藥。他們的提議範圍從對所有槍枝發出全面禁令，到管制某些武器（像是一九九四年的突擊步槍禁令）都有；禁止某些讓槍枝更危險的技術（像是二〇一七年在拉斯維加斯，造成五十八人死亡，四百一十三人受傷的槍手，用來將半自動武器改為達到全自動速度的撞火槍托）；或是對某些人限制取得管道（有犯罪前科、記錄在案的家暴、確診精神異常，或是在某個年齡以下）。接下來是對大規模槍擊事件採取機會方法。

它探討大規模槍擊事件如何發生，拿掉容許犯罪者大規模屠殺的關鍵元素。

另一部分的人有著非常不同的觀點。對他們來說，武器不是問題，殺手才是。在佛州帕克蘭槍擊案造成十四名青少年及三名高中教職員喪命之後，有人寫了一封信給當地報社編輯，信中寫道：「我們很容易在一起槍擊事件中怪罪槍枝。然而，攜帶、操作及瞄準槍枝的是人。」這封信繼續寫著：「佛州的高中槍手在事前就廣為人知了。聯邦調查局收到關於此人的通報，地方法律機關知道這個人，而他們什麼也沒做。」因此這裡的論據是，我們不要把焦點放在是什麼讓這場槍擊案有可能發生，而是聚焦在我們能如何處理這名槍手。這裡的焦點是在執法及早期偵測。這種論點通常來自更深層的恐懼。正如這封信說明：「現在我們是否要讓汽車製造商為開車槍擊、酒駕及肇事逃逸負責呢？」有一種恐懼是，我們一旦透過減少機會來著手處理犯罪及傷害性行為，人們便會失去自由。懷抱這種觀點的人會問：有什麼自由會比擁槍更強大？有什麼會比想管制槍枝所有權，甚至奪走你的槍枝的政府，更能激發恐懼？這些美國人經常把這個架構在第二修正案之下，它的核心觀點是要保有自由以及防禦對抗極權政府的力量。

因此即便有有效的方法來減少犯罪及傷害性行為，要法律能促進這些，我們會需要政治命令。有越多限制人民自由的干預，法律就越不可能採用它們。「別來拿走我的槍。」「別管我車上的事。」「別碰我的手機。」

這是對於以機會方法處置犯罪及不當行為的片面觀點。當然了，這種方法會限制自由。不過替代方案也會。當法律給我們機會去造成傷害，它會發展出其他方式，試圖阻止我們利用這些機會。當我們能在車上使用手機，執法單位會使用獲得批准的侵犯性監視行動，防止我們這麼做。當任何公民能取得任何類型的槍枝，執法單位需要額外的電子監控，確保那些策劃大規模槍擊行動的人無法實際執行計畫。甚至更糟的是，警方或許會更擔心自身安全，變得更可能違反其他憲法權利，包括在應付嫌犯時使用致命武器。這不只是成本更高，浪費納稅人的錢，也以嚴重的方式限制我們的自由，經常比因為機會介入而失去的自由更嚴重。

這一切在公共領域上演，最終政治必須在不同形態的自由及防止傷害之間，平衡這些利益。少了大眾支持，對付犯罪及不當行為的機會方法永遠不會實現。這就是真正的問題所在。大眾怎麼會知道要如何挑選哪一種政策介入，假如他們對情況不甚了解，也不知道這些政策相較之下的成本及利益？

有部分的問題在於，人們對機會方法不夠了解。在針對大意使用手機的辯論中，實際與技術性介入幾乎不曾被提起。想知道槍枝管制是否會減少大規模槍擊及一般兇殺案的美國人會發現，這類的研究十分有限。害怕槍枝管制的政治力量如此強大，幾十年以來，國會限制提供資金給疾病管制與預防中心，阻擋他們及認知的科學家對兇殺案與持有槍枝之間的關係進行研究。他們這麼做是因為，美國全國步槍協會抱怨一項由疾病管制與預防中心資助並且發表於《新英格蘭醫學期刊》的研究，結果發現當家裡有武器時，在家中發生兇殺案的風險幾乎是三倍。二〇一五年又發生了一起大屠殺事件，在加州聖伯納迪諾，有一對夫婦開槍殺死了十四個人之後，國會決定繼續禁止疾病管制與預防中心研究持有槍枝及兇殺案之間的關係。

說到使用機會方法時，人們各有不同的偏好。在我們以鎖和警報系統來防止住家發生入室竊盜時，它被大量地使用。我們在電腦使用防火牆及防毒軟體時，這種方法也很常見。它當然也是我們對於自殺炸彈客及恐怖分子攻擊的主要回應之一，不只是應用在禁止攜帶大瓶液體登機時，也在公共場所裝設厚實的混凝土柵欄，預防使用公車及卡車的攻擊。不過在有人提議以機會方法來減少分心駕駛或槍枝相關的死亡事件時，意見分歧就十分明顯了。

Chapter

9

不費吹灰之力打敗系統

二〇〇六年十一月，以家電聞名的德國工程巨擘，西門子公司在一起大型貪腐陰謀中被逮個正著。為了爭取到一場重大的手機交易，它付了五百萬美元給孟加拉首相之子以及數名當地官員。它也在各地進行賄賂，在奈及利亞花了一千三百萬美元、在中國花了一千四百萬、在委內瑞拉花了一千六百萬、在以色列花了二千萬，以及在阿根廷花了高達一億美元，讓西門子拿到一紙價值十億美元的國民身分證製造合約。西門子甚至在薩達姆·海珊依然在伊拉克掌權時賄賂了他。

七年來，這家公司一共花了大約十四億美元。它透過假顧問合約、偽造票據及空殼公司來做這種事。這種賄賂涉及數百位西門子員工，從較低階的當地營運員到資深高階主管都有。它透過公司至少六個主要部門進行系統化、刻意及廣泛的行動。正如德國聯邦罪犯協會發言人表示：「賄賂是西門子的商業模式。西門子將貪腐制度化。」

西門子和美國及德國當局達成協議，同意繳交十六億美元罰款，還有三位西門子高階主管被判罰款及緩刑。然而，最嚴厲的刑罰並未落在西門子員工的身上。中國的一位國營電信公司高階主管施萬忠（音譯，Shi

Wanzhong）由於收取五百三十萬美元的回扣，遭到中國法院判處死刑，暫緩執行兩年（實際上代表終生監禁）。

美國司法部在二〇〇八年向某個聯邦地區法院提出，做為和西門子協議一部分的量刑備忘錄中，稱讚這家公司和它的新管理部門立刻採取步驟，補救現有做法並且防止日後賄賂。這份量刑備忘錄強調西門子如何擴展它的法遵人員，在全球營運處將這部分增加到五百個全職員工職位。它也將法遵的所有責任及權力給予一名法遵長，直接向公司的總理事會及執行長報告。

在這份備忘錄中，司法部說明西門子已經研發出新的「反貪腐法令遵循政策」，包括全新的「反貪腐手冊、進行實質審查及法令遵循的精密網路工具、供員工提報異常營業的保密溝通管道，以及公司紀律委員會」。備忘錄也詳細敘述西門子如何與普華永道公司（PricewaterhouseCoopers）合作，發展出一套「逐步指南來進行全新的法令遵循計畫，並且改善財務控制，稱為『反貪腐工具包』」。西門子雇用一百五十位員工，其中有一半是普華永道的顧問，要在它所有實體之中的一百六十二家實施這個「工具包」。這一切讓西門子付出了超過一億五千萬美元的代價。

西門子從貪腐惡棍變身為法遵英雄。司法部向聯邦地區法院表示，因為西門子如此徹底地全面檢修它的法遵管理部門，它應該獲得更輕的判刑。

西門子的貪腐傳奇顯示，人類的不當行為不只與個人有關。我們有許多行為都是發生在組織內部。組織能變成結構性違法者，造成大規模的損害。還有其他數不盡的案例。數十年來，廣泛的性騷擾及虐待出現在天主教會、各大好萊塢製片公司，以及大專院校及職業球隊等。英國石油公司及福斯汽車等企業造成環境破壞，帶來安全危機。美國又發生一起警察射殺黑人或棕色人種事件之後，大家都很清楚，許多警局無法終止局裡數十年來、甚至是幾世紀的結構性種族主義及暴力。當然了，是有老鼠屎沒錯，不過毀了整鍋粥的是打造、促進及保護那些老鼠屎的組織。

假如法律是要保護我們免於受到傷害，它必須超越個人，著重在組織性行為。當組織內爆發重大醜聞時，最常見的回應是試圖懲戒直接導致損害的個人。執法人員及檢察官經常試圖要組織內的最高階主管負責任。這或許情有可原，因為讓這些傷害數百萬，甚至幾十億人的高階主管免於為濫權負責，而街頭的犯罪者卻蹲苦牢，實在不公平。同時並沒有確定證據顯示，對公司高階主管或是公司整體施予更嚴厲的懲罰，將會減少他們的犯罪活動。這是大家對於懲罰不願面對的事實。

當一個像是西門子的組織犯下重大罪行，最後案子以和解協議結束，感覺不像是正義得以伸張。不過在這裡，我們的核心問題並不是正義是否得以伸張，而是法律如何防止未來的不正義，並且保護我們的安全，免於受到傷害。當然了，組織裡的人們應該要負責。但是有個更大的問題是，我們還應該做些什麼來對付組織的不當行為，防止未來再發生這種事。這迫使我們除了老鼠屎之外，也要查看整鍋粥，或許甚至是整個廚房。

在西門子的量刑聽證會期間，司法部檢察官遵循美國聯邦法律。他們以一九九一年組織體之聯邦量刑準則，請求從寬發落。這些準則是要誘導組織採取「有效法令遵循及道德計畫」。在組織因為聯邦犯罪而遭到起訴的案例中，這些準則說明採用這種計畫的組織應該獲得減刑。

準則說明法令遵從及道德計畫是「為防止及嚇阻犯罪行為而設計」。這些準則認定防止企業犯罪及造成損害，需要的不只是懲罰企業或高階主管。組織必須有自己的主動計畫，讓它們知道是誰在組織內部違法，協助它們在一開始就能防止這種事發生。

準則概括說明，這些計畫必須「運用實質審查以預防及嚇阻犯罪行為」，以及它們必須促進能刺激道德行為與法令遵從的組織文化。關於這究竟意味著什麼，準則提供了進一步的詳細說明，列出七項要素：(1)必須有預防及察覺非法行為的規則及程序；(2)高層領導人必須了解及監管法令遵從及道德計畫；(3)組織必須有專門負責這項計畫的高階員工；(4)他們必須安排培訓活動來宣傳這項計畫；(5)他們應該有效地監控及評估這項計畫的效益；(6)他們必須有吹哨者保護計畫，員工才能提報非法行為而不會遭到報復；以及(7)他們必須有配合計畫的誘因，萬一發生非法行為時，可以改動計畫。

還有其他的誘因能讓公司發展法遵及道德計畫。比方說，具有法遵管理系統的組織，或許會有得到較少政府監管的好處。在美國，有幾處監管機構，包括職業安全衛生局、環境保護局，以及農業部，對於採取法遵管理系統的公司進行較少的視察，甚至完全不加以視察。有些法律乾脆命令組織要有法令遵從管理系統。有一個例子是國會在安隆（Enron）與世界通訊（WorldCom）爆發醜聞之後，在二〇〇二年採取的《沙賓法案》（Sarbanes-

Oxley Act）。另一個案例是二〇〇八年金融危機引發大衰退之後，在二〇一二年採取的《陶德－法蘭克華爾街改革與消費者保護法案》（Dodd-Frank Wall Street Reform and Consumer Protection Act）。想要名列紐約證券交易所的所有公司，都必須有法遵管理計畫。這一切激發了一個全新的產業，以及法遵管理者及顧問的職業，協助組織建立並運作這種計畫。

不過這一切行得通嗎？假如可行的話，它的成功最重要的要素及條件是什麼呢？

現有的實徵研究具有混合的研究結果。再一方面，有些研究顯示，法令遵從管理及道德計畫能有效減少非道德及非法行為。不過它們顯示其效果是有限的。有一項研究探討，採用管理環境風險的特定系統，ISO14000環境管理系統的公司，是否比較可能遵從法令。它發現大部分採用ISO系統的公司在遵從法令方面有所改進。然而，改進的程度微乎其微。ISO認證的公司在遵從法令的方面，平均只提升了百分之二。

另一項研究比較在《沙賓法案》之下，採用及未採用法遵管理系統的公司。這項研究也得到類似的結論；採用法遵管理系統的公司在財務申報義務方面表現得比較好，不過整體差異只有百分之三點五。不只如此，兩份近期的後設分析發現，有倫理規範的公司和沒有這些規範的公司相比，表現得比較好。總而言之，法令遵從和道德計畫會有效果，但是成效不大。

這些計畫的哪些方面有效果呢？或許我們可以辨識出那些機制，然後調整一下，讓計畫著重在奏效的核心要素，加以提升來減少不當行為。有一份針對澳洲九百九十九家大公司進行的研究發現，法律遵從管理系統要素的絕大部分，二十一項之中有十五項，在競爭及消費者保護法的遵從努力方面，並未造成任何影響。這些包括為法令遵從的抱怨設置專線、使用法令遵從手冊、使用電腦進行法令遵從培訓課程、制定書面政策保護內部的吹哨者，以及要求管理者經常提及法令遵從，對不遵從法令的內部員工施以懲戒。這些基本上不值錢的要素，有許多是司法部稱讚西門子在爆發大規模賄賂醜聞之後，所採用的相同要素。

有效改進法令遵從努力的六項要素，包括制定書面的法令遵從政策及系統，以便處理來自顧客或客戶的法令遵從失敗抱怨。在這方面來說，研究相當有希望，至少在辨識出什麼能刺激更多的努力來改善法令遵從。不過有一個陷阱。我們應該要注意到，研究並未評估真正的法令遵從，只是法令遵從的努力，但是研究結果仍然能做為例證。

有些研究在專注於灌輸誠信及道德的計畫（我們稱為**價值取向**），以及專注在規則、程序及誘因的計畫（我們稱為**誘因取向**）之間，做出了區分。這類研究發現，價值取向的計畫比誘因取向的計畫更能激勵人心。採用道德、法令遵從程序及做法，卻沒有真正說服員工基本價值的計畫，會造成反效果。比方說，有一項研究發現，在符合程序正義的方面，有越多員工參與法令遵從的決策制定，他們就越有動力去約束自己不違規。這些研究結果令人質疑西門子所採用，以及司法部所推廣的系統類型，是否可能有效，因為價值及員工賦能並非核心重點。

其他學者比較懷疑的是，法遵及道德計畫是否有效。比方說，一項研究發現，道德訓練的效力在兩年後就消磨殆盡了。訓練能立即提升道德價值，不過會隨著時間而消退。另一項研究發現，道德法令遵從計畫在改進法令遵從，以及減少違反職業健康及安全方面，一點影響也沒有。有幾份正式道德訓練的研究發現，這對組織的道德行為沒有影響，效果最多也只是暫時性。

一份道德規範效力的文獻回顧顯示，在百分之三十三的研究中，這些規範對於減少非道德行為不具任何效果。

有些學者主張，法遵及道德計畫有時會把事情弄得更糟。研究指出，公司**越**把道德法令遵從融入它們的營運中，它們就**越**可能會有「故意及重複」的違規行為。這些文獻顯示，法令遵從管理計畫可能會透過破壞員工對於領導者道德承諾的信任，反而造成反效果。法令遵從計畫可能傳遞混雜的訊息給員工。在一方面，他們看到公司公開採用崇高的道德及法令遵從系統；另一方面，他們看到公司在日常工作實踐中並未「貫徹執行」。任教於賓州州立大學的琳達．崔維諾（Linda Trevino），以及在德拉瓦大學任教的蓋瑞．威佛（Gary Weaver）主張，這種不協調可能會損害員工對程序及報復性正義的期待。正如崔維諾的總結：「最傷人的是……察覺到道德或法令遵從計畫的存在，只是要保護高層管理人員免於受責難。」

當法令遵從及道德計畫只是用來擺個樣子，以便逃避責任時，這是最糟的情節。這時我們得到的只是「表面的法令遵從」，不具實質意義。有一項針對大約一千家美國公司的法令遵從管理所進行的研究發現，「大多數的公司投入低成本、可能是道德管理象徵性的一面（例如採用道德規範及政策等）。」當法令遵從管理計畫保護企業免於負責，這種計畫就成了不當誘因，因為公司現在不用替非法行為負起那麼多責任，因此比較不在乎去防止那些行為了。

問題的一部分在於，我們很難知道是什麼構成一個又好又有效的法令遵從管理計畫。正如杜克大學法學院教授金・克拉威克（Kim Krawiec）說明：「有效法令遵從系統的標記很容易模仿，法院及管理者卻難以判斷真正的效力。」她說明，因為這樣，所以會有更多的虛飾及美化。

不只是關於哪種法令遵從及道德計畫可能奏效，意義並不明確，在法律要求企業該做些什麼的部分，也是如此。柏克萊加州大學法律教授蘿倫・艾德曼（Lauren Edelman）針對就業歧視法令遵從計畫進行研究，顯示組織陷入兩難的困境，因為它們必須表現出在乎這項法令，同時保持最低的成本。因為法律對於它究竟要求什麼，經常含糊不清，組織只要建立法令遵循管理程序及「象徵性結構」，例如特別平權行動主管，以及反歧視規範，就可以克服這種困境。然後這些「能展現明顯的努力以遵從法律」，卻不曾有效達到法律的實質目標，例如減少就業歧視。

因此，強調法令遵從及道德會變成只是看似有用卻模糊的法律條文，而不是原本的精神。當這種情況發生時，在組織實施法令遵從計畫變成了空洞的做法。正如法遵顧問及司法部前法遵專家陳輝（音譯，Hui Chen）及哈佛商業學院教授尤金．索提斯（Eugene Soltes）的主張，法令遵從經常只是成為另一個負擔，「一連串的勾選例行公事及無須動腦的訓練練習」，和組織內的真正工作毫無關係。

這些計畫最多有助於防止一些不道德及非法的行為。不過即使在最正向的研究中，我們也發現猶豫。即便當企業法令遵從管理系統確實能改進企業行為，它們的效力似乎經常相當有限或暫時。

法律，尤其是聯邦量刑準則，誘導公司採取的系統，其成效只有非常少的證據加以支持。顯然地，只有法令遵從及道德計畫還不夠，它們只在特定的條件下起作用。我們必須要有獨立的監督，企業領袖必須投入法令遵從及道德，而組織氛圍及文化必須是道德的。讓我們來思考一下，擁有法令遵從及道德計畫的主因是因為這些條件有部分或全部都不見了。這帶給我們一個驚人的結論：法令遵從及道德計畫只有在它們並不是真正被需要的地方，才能真正起作用。

西點畢業生約翰・寇普青斯基（John Kopchinski）必須先輸一把，後來才能贏得大獎。他失去了在美國製藥巨擘輝瑞公司年薪高達十二萬五千美元的工作。後來的好些年，他被迫靠他存下來的退休金生活，而這些錢很快就見底了。不過在六年後，他終於發財了。他藉由成為吹哨者，告發他的前東家，贏得高達五千一百五十萬美元。

寇普青斯基是輝瑞的老員工，在波斯灣戰爭時期擔任軍中排長退伍後，直接加入了這家公司的行列。他的職務是擔任業務代表，確保醫生會開輝瑞的藥物，而且越多越好。其中有一種藥是Bextra，一種非類固醇抗發炎藥物，在二〇〇〇年代早期通過核准，治療關節炎及經痛。

寇普青斯基被逼著要醫生開立Bextra時，不只是用在核准的用途，也用在更常見的疼痛。比方說，每次他使得一位醫生開立Bextra，做為病人在手術之前及之後的標準止痛計畫一部分，他就能得到五十美元的紅利。食品藥物管理局從未核准這種一般用途，因為大家也都知道，Bextra 會帶來心血管風險。然而輝瑞的業務代表受到更嚴厲的敦促，要醫生開立更高的劑量，比每天十毫克的核准標準要高出八倍。

輝瑞提供劇本給它的業代，幫助他們說服醫生開立 Bextra，它也設定高銷售目標，業代只能靠推銷超出該藥物的核准用途及劑量，才有辦法達標。正如寇普青斯基回憶著說：「假如你不積極銷售你的產品……你就會被貼上不合群的標籤。」

寇普青斯基起先試圖提醒他的長官，他很擔心這些做法，但是無濟於事。他覺得「道德底線不斷移動」。到了某個階段，他終於受夠了。「當你看著鏡中的自己時，你要能感到心安理得。」正如他在另一場訪談中說明：「在陸軍服役時，大家期待我能不計一切代價，保護人民。在輝瑞，他們期待我能不計一切代價，增加獲利，即便當銷售意味著危害人命。」

寇普青斯基決定提出吹哨者檢舉。為了這麼做，他在《美國詐欺訴追法》之下，展開了所謂的公益代位訴訟。這項法案也稱為《林肯法》，在內戰時期實施，以便打擊不誠實的公司，因為它們販售低劣品質的戰爭物資給部隊，像是羊毛、火藥及馬匹。為了確保這項法令會真正逮到這種詐騙者，它規定吹哨者能獲得政府勝訴金額的百分之五十。後來這個數字降低為百分之十五到二十五之間。在將近一百五十年之後，同樣是這項法令讓寇普青斯基成了坐擁數百萬的富翁。從輝瑞為了結束因 Bextra 行銷活動而面臨的民事及刑事訴訟，一共給付的二十三億和解金之中，他得到他應得的那一份（他必須和另外五名吹哨者平分）。

吹哨者條款是一項重要的策略，用來對付組織的不當行為及違反規定。就某種意義而言，這種條款支持組織內的人扮演重要的監管角色，也就是從組織內部發現非法行為。吹哨者能解決在組織惡行的法規中，兩個關鍵的問題。首先，他們協助從組織內部取得外部稽查員無法取得的資訊。其次，這種吹哨者能為政府當局增加監察能力，因為這些機關經常沒有方法或人力去執行必須的視察活動。正如一名金融監管者對約翰傑刑事司法學院（John Jay College of Criminal Justice）犯罪學教授亨利．龐泰爾（Henry Pontell）及其同僚說明：「世界上沒有足夠的（執法）人員及審查者，搜查出每一個參與的人，而且即便你能一個個找出來，你也等不了它需要花費的三年時間。」

問題是吹哨者計畫是否能發現及減少不法行為。當吹哨者挺身而出，這會減少他們自己的公司以及其他組織的不法行為嗎？

缺點是挺身而出的吹哨者這麼做，要付出極大的代價及風險。當然了，現在有各種法律保護吹哨者，把報復訂定為刑事犯罪。然而有明確的證據顯示，儘管有了這些保護，許多吹哨者還是被降職、解雇，或是「被迫離職」。比方說，想想看有一位訓練有素、技術嫻熟的核子物理學家成為吹哨者之後，被挪到清潔工具間，然後失去他的電腦，最後被派去收發室工作。另一個雇主用來對付吹哨者的惡意方法是強迫他們忍受「精神適勤考查」。吹哨者一旦被解雇或被迫離職，他們在未來雇主的眼中就會被貼上「麻煩製造者」的標籤。吹哨者同時會面對龐大的財務代價，包括損失收入及必須給付無力負擔的法律費用。後者很可能發生，假如他們的雇主控告他們的話，而在所有案件中約有四分之一會發生這種事。然後還有壓力的個人成本，最後經常導致離婚或藥物濫用，或者兩者皆有。

吹哨不是每個人都做得來的事。對每個寇普青斯基來說，還有成千上萬、甚至是數十萬個吹哨者從沒見到正義，更別提補償他們的損失。然而，人們會挺身而出有許多原因。有些吹哨者會發聲，可能只是他們想避免為了自己曾參與的行為或任務而遭到起訴。有些這麼做是因為他們遭到解雇，或者害怕即將會發生這種事。其他吹哨案件具有更利他或道德的目的。有些人只是想把事情說出來，要**做對的事**。

吹哨不必然意味著被點名的非法或傷害性行為，會在組織內停止，更別提未來在其他的組織也會如此。在寇普青斯基舉報 Bextra 的非法行銷事件之前，另一位吹哨者對於一家輝瑞子公司另一種藥物，鎮頑癲（Neurontin）的類似非法做法，已經提過一件公益代位訴訟。兩起訴訟案都無法防止針對輝瑞的競爭對手，葛蘭素史克藥廠（GlaxoSmithKline）起訴的一件更龐大的案件，最後以三十億美元和解，其中有二億五千萬美元的獎金歸於吹哨者。某位吹哨者由於向美國證券交易委員會通報一家大型化學及農業公司，孟山都（Monsanto）做假帳，獲得二千二百萬美元的獎金。他對《紐約時報》說明，獲得這些吹哨者獎金並不代表事情會有所改變。正如他說明：「公司遭到罰款，有些錢轉手給別人，但這並不是答案。管理階層沒有負起責任，這依然令我感到不安。我做這件事是要修正那個問題，而那個問題並沒有解決。」

內部組織規則及結構可以在吹哨者有機會發聲之前便遏阻他們。有一項研究針對在阻止企業不當行為上，《沙賓法案》的吹哨者保護效果進行評估。它的結論是，吹哨者並未大幅協助揭發造成二〇〇八年金融危機及大衰退的大型企業詐欺。由於道德程序的內部規範，員工受到強烈的鼓勵去向主管舉報不當行為，而這些人的職位給了他們龐大的力量去「阻擋及過濾這些舉報」。有一系列的相關研究探討哪些條件會賦予吹哨者能力，讓他們的組織採取真正的補救措施，結果發現當一個軟弱的吹哨者對一個軟弱的投訴管理者舉報一名強勢的違法犯罪者，以及當對於法令遵從及外在監管的內部支持不足時，吹哨行動會失敗。

和法令遵從管理系統一樣，我們看到有效的吹哨行動存在著強大的障礙，以及吹哨行動在我們最不需要的地方效用最強。換句話說，當非匿名的較高階員工舉報下屬的不當行為（而不是反過來進行）、採取行動的組織支援足夠，以及假如有外部監督來確保問題能有效解決時，它便能奏效。然而，在經常會涉及較高階員工從事不當行為、採取行動的內部支援有限，以及缺乏有效的外部監督時，最糟的狀況，也就是我們最需要吹哨者的時候，就會發生。

總之，法令遵從系統及吹哨者保護，並未真正提供多少保護作用。它們在某些條件下能起作用，不過那些條件經常不存在。在這一切之中，房間裡有一隻大象。關於法令遵從管理及吹哨者保護的研究，有個一致的結論，就是這種系統只有在組織內部承諾要遵從法令時，才能行得通。這不只是擁有對的領導人，有道德的領導者而已。這是關於組織整體的結構、價值，以及實踐。這是關於它的組織文化。正如一份研究非常清楚地做出總結表示：「文化確實能夠『不費吹灰之力地打敗系統。』」

簡言之，條條大路都通向組織文化。我們在每一起重大企業醜聞之後的新聞報導中認識文化。波音公司的「傲慢文化」據說造成了 737 Max 的兩起墜機事件，三百四十六人罹難。賓州州立大學的「沉默文化」據稱容許傑瑞．山德斯基（Jerry Sandusky）在長達十三年的期間，性侵了十名男孩，而學校裡有幾十個人都知道他的罪行。大家認為「恐懼文化」造成日本的鋼鐵巨擘，神戶製鋼所（Kobo）非法偽造它的鋼、鋁及銅的成分數據，據稱讓它能販售較低品質的產品給各大汽車製造商，包括豐田、裕隆及本田。

有毒的組織文化

在一九五〇年代晚期，鬥雞在印尼的美麗島嶼巴里島大為風行。政府曾設法終止鬥雞，把它訂定為非法活動，不過它依然持續進行。大多數人會假設，鬥雞是為了賭博，因為觀眾確實會賭哪隻雞會鬥贏。不過在這些鬥雞活動的背後，還有更多意涵。

普林斯頓高等研究院的人類學家克里佛德．吉爾茲（Clifford Geertz）深入一個巴里島的社區，開始研究鬥雞。正如吉爾茲寫下他在村子裡的初次感受：「我們是闖入者，職業的那種，村民對待我們的方式，就像巴里島人向來對待那些不屬於他們的生活圈，卻緊貼著他們的人：彷彿我們不存在。對他們來說，以及在某種程度也是對我們而言，我們是非人類，是觀眾，隱形人。」

在某個場合，吉爾茲和他的妻子加入幾百個人，在村民廣場觀看一場規劃好的鬥雞。比賽剛開始，忽然間人們開始大喊：「Pulsi！Pulsi！」當警察持槍進入廣場，人們四處竄逃。吉爾茲描述接下來發生的事：「人們沿著馬路奔跑，倉卒地翻牆消失，在平臺底下爬行，蜷縮在柳條屏風後，急忙地爬上椰子樹。那些裝了鋼刺，銳利到足以砍斷手指或是在腳上戳洞的公雞，正在到處亂跑。到處都是灰塵四起，驚慌失措。」

吉爾茲和他的妻子決定盡可能地趕快離開，最後他們跟著一個完全陌生的人，進了他們家，坐下來喝茶，在警察進來質問他們時，表現得彷彿他們一直都在做這件事。在這場大冒險之後，村民不再把吉爾茲一家視為陌生人了。人們一旦得知他們像村子裡的其他人一樣躲警察，表現出他們的團結，整個村子便敞開心胸接納他們了。

吉爾茲透過他在村子裡的長期實地考察，一絲不苟地記錄約五十七場賽事的細節，他得知這關係到的不是金錢，而是身分。在各大比賽中，那些社區的中堅分子較量他們的公雞，聲望是重點。幾乎所有的這類比賽都是不同的親族彼此對抗。人們會賭自己的親族贏，或者假如他們沒參加比賽，那就是聯姻親族。如果有來自鄰村的公雞，他們會全都賭牠們輸。吉爾茲根據他對這些重大比賽的研究，總結表示他們協助打造社群組織，將社群成員結合成「象徵性的結構，他們能清楚感覺到內在聯繫的真實性」。

吉爾茲從根本改變了我們如何了解及研究文化。透過他在巴里島的研究，他將文化視為特定社群的一種共享解釋的形式。與其使用先入為主的文化觀念，吉爾茲展示文化深植於社群本身的習慣、階級及價值，以及文化是由一個社群對他們周遭的世界具有的共享理解所構成。

吉爾茲的研究教導我們，文化不只是我們能輕易從外在領會的東西。他需要深度的在地理解，明白一個社群如何發展塑造共同價值及實踐的共享意義。因此，假如我們想了解一個組織文化，並且分析是什麼文化元素養成非法行為，我們就必須設法理解在組織裡的人們如何發展及傳遞共享理解。

要了解組織文化以及它如何能變成支持違法及傷害性行為，我們必須分析組織的習慣、象徵、實踐及價值。在MIT史隆管理學院（Sloan School of Management）任教的艾德加．沙因（Edgar Schein）表示，為了這麼做，我們必須探討三個層面。第一個層面包括他所謂的「人工器物」。這些是組織文化的實體面向，包括「看得見及感覺得到的結構與過程」，以及「觀察到的行為」。人工器物是組織文化的表面，它們是組織如何表明文化的方式。它們是組織可以看見的產物，可能包括實體環境及建築、技術、創作、風格、故事及迷思。不只如此，人工器物也包括印刷的文件，內容涵蓋價值、營運、儀式及組織圖表。

第二個層次包括沙因所謂的**價值信念**，其中包含了組織內人員之間共享的理想、目標、價值及啟發。這些可能以共享的意識形態出現，以及對於組織作為的合理化。這些價值理念存在組織較深層裡，無法直接觀察到，必須透過和組織成員交談而了解。

組織文化的第三個層次是沙因所謂的**基本假設**。這些存在組織的最深層，透過組織成員下意識地運作。它們關係到視為理所當然的信念價值，可能「決定行為知覺、想法及感受」。在最後這個層次，更深入的理解是內隱的，也是由組織裡的每個人不言而明地公認，並且是塑造系統及價值影響行為的方式之中，最難領會卻最重要的部分。克里佛德・吉爾茲根據他對巴里島鬥雞的研究，將此稱之為**深層遊戲**。

了解組織文化需要複雜的研究形式。它需要進行深入的個案研究，包括組織的結構、價值及實踐。在這些層次的每一項，我們必須評估什麼元素會支持不當行為及非法行為。換句話說，在進行文化診斷中，我們必須找出有毒的元素。理想的狀況是，我們應該要做**鑑識民族誌**，在發現具有結構性違法及破壞性行為的組織裡，進行文化的人類學分析。我們需要做組織的剖檢，評估影響組織結構性偏差行為及不當行為的結構、價值及實踐。

理想的狀況是，我們會雇用像是吉爾茲的研究者，在組織裡做長期的民族誌，進行結構、價值及實踐的參與者觀察。在大多數情況下，這根本是不可能的，因為組織太過封閉也太大，無法以這種方式理解它們的文化。幸好我們透過重大醜聞的公開可用文件，對於組織裡出了什麼問題還是能有清楚的概念。調查性新聞報導及法院紀錄能說明結構、價值及實踐如何支持惡行。

二〇一〇年四月二十日，深水地平線鑽油平臺的一起爆炸及火災，在墨西哥灣造成嚴重的大規模漏油事件。那一天，操作鑽油平臺的英國石油公司

BP要為美國有史以來最大規模的漏油事件負責。這起漏油事件對墨西哥灣沿岸周遭的經濟、生態及健康都造成重大影響，並且有十一名員工在這場爆炸中喪命。

這不是英國石油公司第一次在美國造成重大災難。五年前，德州市的英國石油公司煉油廠發生一起爆炸，造成十五死，一百七十餘人受傷。甚至在這起二〇〇五年的重大爆炸事件之後，英國石油公司的主要安全問題繼續存在。發生了爆炸案，英國石油公司給付二千萬美元的罰款給職業安全與健康管理局，並且被迫花費十億美元將設施升級之後的三年內，煉油廠又有四人送命，在華盛頓州的另一處英國石油公司煉油廠也有兩人身亡。二〇〇六年三月，英國石油公司的一處管線滲漏，造成阿拉斯加北坡有史以來最大規模的漏油事件：有二十六萬七千加侖的原油洩漏在冰凍的苔原上，無人察覺地持續了五天。

英國石油公司的問題不只是個人決策的後果，也是公司更廣泛模式的一部分。這些是英國石油公司的文化特有的問題。事實上，墨西哥灣石油災難的總統調查委員會共同主席威廉・萊利（William Reilly）的結論是，英國石油公司一直在「自滿的文化」之下運作。

當然了，不只是英國石油公司如此。二〇一四年，美國研究者開始懷疑，英國汽車製造商，福斯汽車使用造假裝置，降低汽車在實驗室測試時的排放。這種裝置讓汽車在實驗室測試時顯得比較乾淨，而在實際駕駛的情況下，氮氧化物排放大約高出四十倍。調查揭露福斯在一千一百多萬輛汽車上，安裝了這種造假裝置。

在福斯汽車公司，這種非法行為不是什麼新鮮事。這家公司使用減效裝置的時間要回溯到一九七三年，當時它首次被逮並且被要求繳交十二萬美元罰款給美國國家環境保護局。早在一九九九年，這家公司確認它的汽車要接受測試時，它便在它的奧迪引擎裝設減少汙染的造假裝置。後來在二〇〇五年，福斯汽車為了在 Golf、Jetta 及 New Beetles 的排放舞弊，繳納一百一十萬美元罰款給美國國家環境保護局。

在西維吉尼亞大學研究報告發現了實驗室及真正駕駛排放之間的差異，後來加州監管機關也證實了這件事之後，福斯汽車的反應是拖延調查、質疑調查方法，以及甚至是調整作假裝置，讓它變得更有效。最後，在來自加州空氣資源局的施壓，威脅要阻擋福斯於二〇一六年在加州銷售汽車之餘，這家公司終於承認了作假。

在二〇〇九年到二〇一六年之間，富國銀行在客戶並未授權之下，造假開了三百五十萬個帳戶。不只如此，銀行也替五十二萬八千名客戶註冊線上繳費服務，卻沒有取得他們的授權。近期的評估表示，這些造假做法已經實施了十五年。然而，長久以來，這些犯行都被視為是各地銀行行員的個人犯罪行為。假如被發現他們開辦未經授權或假帳戶，他們就會丟了飯碗。不過這些銷售做法已經成為銀行的常態，在各地區分行，甚至是舊金山總部都屢見不鮮。早在二〇〇二年，該銀行就被發現，整個科羅拉多分行都在開辦未經授權及假帳戶，以便達到銷售目標。這一切在銀行內部都廣為人知。

二〇一六年，當媒體揭露這件醜聞時，富國銀行怪罪並解雇五千三百名員工，因為他們參與了這些作業。然而，不久後便真相大白，這些不只是某個特定地區的個人不當行為，而是公司內的企業誘因結果，敦促員工繼續增加他們的銷售業績，盡可能多賣產品給客戶。在一份二〇一七年富國銀行董事會獨立董事的報告中顯示，銀行本身承認發生的事不只是個人的關係，而是組織的問題。

這三家公司，包括英國石油公司、福斯汽車及富國銀行，都因為組織文化有地方出了錯，因此造成重大的傷害。要了解他們企業文化的問題，我們可以閱讀研究委員會報告，聆聽在國會的公開聽證會並取得法院紀錄，並且深入了解調查記者的長篇陳述，以及來自內部人士第一手說明的報紙文章。我們使用這些紀錄，發現有七種元素構成了多年來支持破壞性及非法行為的有毒混合物。

一、達成目的就對了。

這三家公司都採取的核心價值是，**無論代價是什麼，達成目的就對了**。這三家公司都曾是懷抱遠大夢想的失敗者。當約翰．布朗（John Browne）在一九九五年接管英國石油公司時，他希望公司能縮小和最大的石油巨擘之間的差距，成為世上最成功的石油公司之一。費迪南．保時捷（Ferdinand Porsch）為希特勒設計了原始的金龜車，當他的孫子費迪南．皮耶希（Ferdinand Piech）在一九九三年，以執行長之職接管了福斯汽車時，他宣布德國汽車製造商會成為全世界最大的汽車製造商。當理查・寇瓦思威奇（Richard Kovacevich）成為富國銀行的執行長，他想藉由打敗所有競爭對手的銷售成績，帶領銀行走上顛峰。

問題是，這三家公司採取了高風險及不可行的方法，去追求他們的目標。英國石油公司解聘了許多工程師，裁減了安全及維修不可少的投資，同時追求高風險的離岸石油探勘，但是這需要的就是它解聘的那些工程師。福斯汽車希望能在美國市場競爭，為了達到這個目的，它把賭注押在所謂的潔淨柴油，希望它能以合理的價格生產汽車。不過工程師就是做不到。富國銀行設定了一個前所未見的銷售目標，每位客戶要接受八項產品（像是銀行帳戶、儲蓄帳戶、信用卡或保險），這是其他銀行的四倍之多。業績落後的富國銀行員工會有降職或解雇的風險，正如某位員工回想道：「他們不斷告訴我們，假如沒有達到銷售額，我們最後會去麥當勞工作。」這三家公司都對員工施加莫大的壓力，要他們達成不切實際，或者根本不可能的目標。

二、別說出來……否則呢，哼。

員工得知他們不應該對於不切實際的策略、目標及壓力所造成的問題，提出批評的意見回饋。在二〇一〇年深水地平線漏油事件發生之後，有一份調查報告發現，英國石油公司有「一種模式，會威嚇那些引起安全及環境顧慮的員工」。富國銀行的員工在提出批評後被迫離職，後來發現他們在別的地方都找不到工作，因為富國銀行在他們的U5文件，也就是銀行業界的成績單上註記警告。在福斯汽車，威嚇達到最高等級，因為執行長馬丁．溫特寇恩（Martin Winterkorn）會在惡名昭彰的週二會報上，毫不留情地批評任何沒有達到目標的高階主管。他會透過把消息洩漏給媒體的方式，讓他的高階主管發現自己遭到降職或解雇。

有少數幾次，員工或低階管理人真的把意見說出來，但是他們的顧慮遭到忽略，或是沒有人採取任何行動。比方說，一九九九年，英國石油公司在阿拉斯加的作業區可能會發生漏油，有七十二名員工集體寫了一封信給執行長約翰．布朗，設法動搖他的想法，不要削減預算，因為他們害怕那會破壞已經很糟的安全情況。布朗沒有回覆，而且在一個月之後，更宣布又砍了四十億美元的預算。在每個案例中，這會進一步建立起一種企業文化，也就是公開討論是不可能的事。在這種組織守口如瓶的情況下，保持沉默變成了核心價值及實踐，而批評是困難又無用，甚至是危險的。

三、違反規定沒關係。

在這三家公司中，員工後來明白了違反規定沒關係。在福斯汽車，從一九七三年起就在排放標準造假。英國石油公司多年來在結構健康及安全違規，已經成了在公司工作正常的一部分，深植在削減成本及高風險探勘的策略之中。當英國石油公司的新執行長東尼・海沃德（Tony Hayward）承諾一個「全新的英國石油公司」，並且宣布公司會雇用一千名工程師，改善英國石油公司在全球的所有作業區安全時，也不曾造成真正的改變。對於在他上任之前，英國石油公司的刪減預算如何造成重大意外的發生，海沃德從未負起全責。在富國銀行，分行經理甚至在員工假造銷售實務時予以協助。一名富國銀行的前員工說明：「這都是操控，我們被教導要如何銷售多重帳戶。」或者如同另一名前員工解釋：「你必須接受可疑的銷售實務訓練，否則你會被炒魷魚。」富國銀行不只讓犯罪正常化，更將它成為強制的指令。

四、隱瞞違規沒關係。

這幾家公司對於他們的違規並未透明化，有時候會採取行動來隱瞞這種行徑。在二〇〇五年致命的德州煉油廠爆炸事件之後，英國石油公司關閉廠區八天，顯然想控制既成的事實。同樣地，英國石油公司起初並未釋出深水地平線漏油事件的現場影片消息，因為它想隱瞞有多少原油流入海洋。當富國銀行執行長約翰·史坦福（John Stumpf）在造假及未經授權的帳戶醜聞之後，遭到國會質詢時，他暗指這些實務只發生在社區銀行部門，而《紐約時報》報導，當時銀行已經知道類似的實務也發生在它的汽車保險部門。

福斯汽車可能是最厚顏無恥的。從福斯汽車得知西維吉尼亞研究比較實驗室及道路測試之間的排放時，它知道大事不妙了。然而，它拖延環境監管機關超過一年的時間，並且聲稱這項研究有瑕疵，由監管機關進行的後續測試有誤，以及外部溫度影響了結果。公司甚至更新軟體，以便減少道路及實驗室排放之間的差異。它也改良軟體，讓它更能偵測到它是否在實驗室裡。為了安裝這些新改良的作假軟體套裝，它安排了召回行動，告訴汽車經銷商及車主，汽車因為電力問題而需要維修。

五、是你，不是我們。

醜聞一旦廣為人知，這三家公司試圖把罪名套在較低階員工的頭上。對富國銀行來說，它是在分行辦公室的一群銀行職員騙子。福斯汽車高階主管聲稱，他們對於車上的排放造假軟體並不知情，正如在醜聞爆發後，取代溫特寇恩的新執行長馬諦斯・穆勒（Matthias Muller）在與一份德國報紙的訪談中驚呼：「你真的認為最高管理者有時間去處理引擎軟體的內部運作嗎？」

英國石油公司甚至更過分，不時怪罪那些提出安全問題的個人員工及管理者。英國石油公司試圖把責任推卸到外包商的頭上。在深水地平線災難發生後，英國石油公司試圖躲在它的股權結構後面，聲稱他們的外包商

Transocean 擁有鑽油平臺，即便 Transocean 在鑽探及安全方面，直接接受英國石油公司的指示而運作。這種責任推卸顯示出，公司本身不想負責，也不會保護自己人。最重要的是，公司表現得很明白，它在乎的是保護自己和自己的利益，不是確保這種意外不會再發生。

六、沒有造成傷害。

即便在被逮之後，這些公司試圖否認有造成損失或傷害，一種典型的中和作用。在被迫承認要為排放醜聞負起責任之後，福斯汽車想要證明傷害十分有限。它甚至設法反駁氮氧化物是有害的。福斯汽車在二〇一六年晚期發出的一份聲明中表示：「對某些人口統計群組的生病或者甚至是死亡的可靠判定，根據我們的知識程度，從科學角度來說是不可能的。」

在深水地平線爆炸事件之後，英國石油公司公開爭論有多少桶原油洩漏到海灣。起初，英國石油公司表示，每天滲漏的石油有一千桶，相對來說算「不太多的」洩漏。過了不久之後，英國石油公司把數字提高到每天五千桶。來自佛羅里達州的海洋學家使用衛星影像數據，發現滲漏的規模事實上要大得多，高達每天三萬桶，這意味著在短短兩週內，滲漏的速度便超過了瓦爾迪茲號漏油事件。這起事件最後滲漏了超過十九倍的石油到海裡。

七、別相信我們說的話。

這些公司沒有一家正式表示，走捷徑沒關係，大家不該發言，違反規定是可以被容忍，或者甚至是受到支持的，或是公司永遠不會負起責任。然而，員工看見一個重大的斷層，在一端是公司的官方政策和關於法令遵從及道德的訊息，另一端是他們實際操作的日常實踐、價值及誘因。員工得知無論官方說法是什麼，對他們的真正期待是不一樣的。

我們在以環保負責公司行銷自己的福斯汽車及英國石油公司身上，最能清楚看見這種斷層。英國石油公司採用了「超越石油」口號，是第一家大型石油公司承認氣候變遷和化石燃料排放有關。福斯汽車買下許多電視廣告，內容是一位可愛的祖母吹噓她的新柴油金龜車有多乾淨，在一支廣告中，她甚至把她的白手帕放在排氣管的後面。

當官方及實際價值之間出現斷層，員工失去對領導階級的信任。當新領導人告訴他們，這是會不一樣，改變會來到，員工經常已經太厭倦去改變深植的價值及實踐。就這種意義來說，這第七項有毒元素或許是最具破壞性的，因為它直接反對改變。

總之，這七種毒素塑造了強大的負面文化，培養及支持福斯汽車、英國石油公司及富國銀行的惡行。這七種元素啟動許多行為機制，促進本書中詳述的不當行為。不切實際的目標造成沉重壓力。員工無法公開發言，會使得違法卻不被逮變得更容易。違法正常化制定了強大的負面社會規範。對督察員隱匿違法行為，孕育出更多的犯罪機會，並且破壞了懲罰的確定性。把責任轉嫁到他人身上並且否認傷害，這是典型的中和作用，協助高階主管克服他們對於自身不當行為的羞愧感及愧疚感。在高層態度及日常進行的不當行為之間出現不一致，使得負面描述性社會規範及負面強制性社會規範呈現對立。

每個組織都有發展出有毒文化的風險。文化的確實面向可能各異，不過它們可能包括了七項有毒元素之中的許多項。這種文化一旦成立，改變就相當困難了，尤其是對於領導的信任已經受到了侵蝕。因此首先以及最重要的重點是，所有的組織必須變得更善於在早期評估它們文化中的毒性風險，並且在它完全發展之前好好解決。

最壞的情況是，充分發展的有毒文化在重大醜聞的餘波中被揭露了，我們的反應應該改變。我們必須超越個別高階主管及企業領導者，超越只是改變誘因及法令遵從管理系統來進行探討。我們必須對付發揮作用的文化價值及實踐。而這非常困難。每次在組織中發生了壞事，我們傾向於想要那個直接負責的人，或是組織中的最高領導人被開除或遭到懲罰。但是當我們面對文化及系統的問題，只對付個人不會有效果。這可能會帶給我們不實的安慰，認為問題已經解決了，但實際上它還是在那裡。

要對付已經成形的有毒文化，必須把恐懼從方程式中拿掉。所有的人應該感到能安全發聲，分享他們對於組織內問題的觀點。只有在最直接負責的人負起責任之後，這種事才會發生。就像在後種族隔離時期的南非所經歷的真相與和解過程，這一旦完成後，應該會有一個培植透明化及誠實的過程，人們會感到能安全分享資訊和顧慮，卻不必害怕後果。只有在這種情況下，我們才能針對存在組織文化中的有毒區塊進行完整分析。在這裡，鑑識民族誌是前進不可或缺的元素。這意味著組織應該被要求聘雇人類學家及文化犯罪學家，進行組織內部的實地考察，評估它們踰矩的更深層文化源頭。除非組織知道那些結構、價值及實踐一直在支持非法及破壞性行為的完整細節，否則它不可能對付它們。

組織一旦對它的有毒文化進行這種事後反思，艱難的任務就開始了。管理科學發展出一些概念，但是它的焦點在於如何打造出促進生產力及合作的文化，而不是如何改變培養非法行為及惡行的文化。我們確實知道的是，改變一開始會帶來震驚，新領導者試圖化解深植的文化模式。新領導者可以使用醜聞做為全新的覺醒時刻。這其中最棘手的反抗來自文化之中，員工看過也聽過這一切，在新上任的高階主管發表堂皇的演說之後，他們還沒親眼見到任何真正的貫徹執行或實質改變。因此這些案例中的新領導人必須對付在鑑識民族誌之中發現的所有問題，顯示這不只是空口說白話，這一次他們會解決特定的、隱藏在更深處的肇因。

當然了，他們不該只是改變高層的態度，還有「底層的氣味」，正如荷蘭某間大型會計事務所的說法。這意味著設定不同的目標，減輕壓力，回應投訴以及保護投訴者，為結構性問題負起全責，直接回應違規，對這種違規誠實及開放以對，展現他們有心這麼做，日復一日。

Chapter

10

行爲法理學

「沒有魔彈，沒有神奇的疫苗或療法。這只是行為。」二〇二〇年四月一日，就在全美對抗大流行的前幾週，負責協調美國對 COVID-19 冠狀病毒全球大流行回應的黛博拉・伯克斯（Deborah Birx）做出如此聲明。當然了，她說得沒錯。人們需要更常洗手，戴口罩，和他人保持安全距離，萬一出現症狀要自我隔離，並且在接獲要求時待在家裡。緩和全球大流行意味著，全世界的政府必須從根本改變人類的行為。

在二十世紀初期，全世界經歷了由 H1N1 病毒引起的流感大流行，也就是通稱的西班牙流感，帶走了數百萬條性命，當時國家設法讓人們改變行為時，也面臨了類似的難題。就在先前那場大流行的隨後餘波中，《科學》期刊的一篇社論概述改變行為有多困難：「要某個認為自己只是得了輕微感冒的人，關起門來把自己完全隔離，做為保護他人的手段，以免他的感冒有極小的機會可能變成十分危險的感染，這不是人類天性的反應。」

然而，在二〇二〇年三月末到四月初，發生了某些重大的變故。美國及歐洲的政府採取嚴厲的減災措施，要求人們待在家裡，以及出門在外時和他人保持安全距離。有一陣子，這真的很有效。人們遵守這些規則。透過谷歌的定位追蹤數據，我們可以看到日常活動改變了多少。在美國，從三月十一日到四月十一日，人們前往零售及娛樂地點的頻率減少了百分之四十五，前往轉運站的機率減少百分之四十九，前往工作場合的機率則減少了百分之三十八。在北美及歐洲，對減災措施的高度遵從打造出一個「畢沙羅魔域」。威尼斯的廣場出現前所未有的景象，不見觀光客的蹤跡。更奇怪的是，在某些時候，原油的價格變成負數（低於每桶零元），因為人們不開車了，改用大眾運輸，所以需求完全歸零。

這就是政府要求人民做的事。減災措施要求人們違反正常的社會行為。人們必須宅在家，孩子們必須待在屋內，在住家以外和別人碰面，大家必須維持不自然的物理距離。許多政府立刻採取類似的規定，要求人們徹底改變他們最基本的行為。

遵守社交距離指令的代價不小。許多人失去收入。就業市場遭受重創，美國就有數千萬起裁員事件。而且大家都失去了自由。然而，在全球大流行早期，人們通常遵從法令。這三種早期減災措施的成功，或許是人類歷史上最偉大的法令遵從事蹟。

我們想了解這些措施如何塑造人類的行為。二〇二〇年四月初，我們研究不同國家的數千人，包括美國、英國及荷蘭，檢視人們有多遵從居家要求及社交距離措施，還有為什麼。我們綜合評估某個範圍的潛在影響，例如嚇阻、法令遵從的代價、對減災措施的支持、社會規範、服從規定的責任感、程序正義、衝動，以及負面情緒。透過這份研究，我們想知道行為密碼的哪一部分在影響著行為。

我們在四月初蒐集的數據顯示，遵從減災措施的程度通常相當高，大部分的人要不是總是，不然就是幾乎總是遵守規定。然而，這種巨大的行為改變並非源自懲罰的恐懼或財務成本與收益的計算。這裡的法令遵從比較偏向道德及社會。在荷蘭，比較擔心病毒對自己及他人造成健康威脅的人，比較可能遵從法令。在美國，道德上支持減災措施的人比較可能遵從法令，那些認為他人遵守居家命令及社交距離措施的人，也是如此。在以色列，那些覺得比較有責任遵守法律的人，通常也比較可能遵守 COVID-19 措施。

不只如此，在我們研究的所有國家中，法令遵從大多也要視人們置身的情況而定。比較可能在家工作，以及在住家以外能和他人保持安全距離的人，就會這麼做。我們也發現，比較少有違法機會的人，例如因為他們不能再去他們的辦公大樓或工作場所的人，或是因為在住家之外的人不讓他們靠得比限制規定容許的更接近的人，比較可能會遵守法令。最後，人們的個人特質也很重要。比方說，在美國及荷蘭，自制力較低的人比較可能違反這些措施。

到了二〇二〇年五月初，在我們寫下第一份數據的報告時，第一波的封城顯然就要結束了，不過社交距離還要持續進行。我們納悶當局如何能確保人們會和彼此保持安全距離。就某種意義來說，我們期待法令遵從會像新年新希望一樣，例如要過得更健康。不幸的是，我們發現在四月初支持法令遵從的力量，到了五月便遭到侵蝕了。案例的數字下降，人們比較不害怕了。我們也看到政治兩極化，因為某些人公開質疑，甚至反對減災措施，破壞了早在四月便存在的，對於機會型政策的壓倒性支持。不過最重要的是，隨著封城的放鬆，人們能夠再度走出家門，商店及場地開放，現在他們有地方可去。很快地，法令遵從程度下降了，病毒又回來，美國和歐洲又需要再進行新的一輪封城。政策制定者無法維持他們最初的行為成功。

全球大流行讓行為密碼顯而易見。有德國當局採取的懲罰威脅，最嚴重的案例會被處以高達二萬五千歐元的罰款。也有道德訴求，在加州，州長蓋文．紐森（Gavin Newsom）說明，有二千五百萬人會受到影響，他訴諸人們的責任感：「我們有社會合約，我認為人們認同要做更多，配合這種情況的需求。」荷蘭首相馬克．路特（Mark Rutte）要求人們團結一致，他特別對認為自己風險較低的較年輕族群喊話。他明確地說：「或許不是為了你自己，不過你不只是為了自己而活，我們和這個國家的一千七百萬人在同一艘船上，這麼做是為了那些年長者、健康不佳的人，當你感染他們時會承擔風險的那些人。」在英國，首相布里斯．強生剛從 COVID-19 重症復元，他在四月四日推文寫道：「在這種美好的天氣，請不要受到誘惑去違反規定。我強烈要求各位待在家裡，保護英國國家健保局並拯救生命。」

當局也求助於社會規範，設法顯示遵守法令有多正常。這一點在荷蘭最明顯，首相路特說明：「我們大部分的人遵守這些措施，幾乎是所有人都這麼做……當你看到空蕩蕩的街道，空蕩蕩的辦公室，空蕩蕩的高速公路，以及空蕩蕩的火車站月臺，我認為國內許多人都收到了這個訊息，而且許多人都遵守這些措施。」

對大流行的回應也揭露了在實體環境中看不見的密碼。海報及標語提醒我們這些規則：保持安全距離、以手臂摀嘴打噴嚏、洗手、注意安全！同等重要的是，地方政府及店家採取許多機會型措施，讓許多人更難以太靠近彼此：他們封起了公共花園的長椅、拿走紐約市中央公園籃球場的籃框、移除餐廳的座位，以及限制容許進入超市的顧客人數。

行爲密碼的六個步驟

遵從 COVID-19 的措施，顯示行為密碼不是透過單一機制運作。對於規定如何塑造行為，我們必須有整合的觀點。當然了，這很困難，因為有這麼多不同的機制在發揮作用。不過在這裡，讓我們來通盤檢視一番。

總的來說，我們看到行為密碼透過兩種廣泛類型的機制運作：**動機**及**情境**。假如人們有遵從的動機，並且處於能夠遵從的情境，那麼他們就很可能會遵從。反之亦然，當他們有破壞規定的動機，也處於能夠做出那種選擇的情境，他們就很可能會違反規定。

就人們對 COVID-19 社交距離措施的回應。我們能明顯看到這兩種普遍力量在發揮作用。在我們的研究中，我們檢視兩種動機：(1)透過正面及負面誘因，例如懲罰及法令遵從的代價，塑造人們行為的外在動機；以及(2)透過人們本身的價值、道德及責任感驅策自身行為的內在動機。外在及內在動機也會交互作用。假如政府無法懲罰違法的人，他們可能會把這種違法行為正常化，建立負面的社會規範。然而，假如執法機關變得不公平及不公正，懲罰會產生反效果，破壞正當性，並且侵蝕人們遵守法律的責任感。遵從 COVID-19 措施大多仰賴人們置身的情境。這裡有兩種情境類型。一種是人們遵守法規的能力。就 COVID-19 法令遵從的例子來說，這包括了人們是否知道並了解這些規定。另一種情境是當違反規定的機會出現時。對於 COVID-19 而言，這意味著人們是否依然能去上班，或是在住家之外去和他人碰面。

總之，每當我們想透過法律去對付任何不當或破壞性行為時，我們應該使用行為密碼來判斷問題的根本原因是什麼，人們從事那種行為的動機是什麼，以及情境的那些方面有關係。然後我們必須以效率最高及最少干擾的方法，解決每個問題。關於行為密碼的見解帶給我們必要的知識，透過以下六個步驟來進行這種分析：

步驟一：不當行為之中有什麼差別？

在我們進行任何原因分析之前，我們必須知道我們面對的是什麼。就一連串的謀殺案來說，這是情殺還是買兇殺人？就超速來說，我們調查的是只超過速限百分之十，或是百分之五十的人？就工業汙染來說，我們面對的是資源有限的小公司，還是具有專業及資金去遏止汙染的大公司？重要的是知道在我們想對付的行為之中，有哪些差別，這樣我們才能個別分析及對付每種核心類型。我們也必須決定我們的分析單位：這只是個人行為，或者我們是處理社群、組織或更廣泛的社會行為？問題的剩餘部分應該具體應用在每種類型的不當行為。

步驟二：這種行為如何運作？

要打造出有效方法來防止不當行為，重要的是先檢視情境，然後才是動機。這會迫使我們去思考，他們**如何**而不是**為何**去做這件事。藉由找出那些惡行如何運作，我們或許能消除這個過程中的一個重要元素，讓行為變得更困難，或者甚至不可能。這一來，我們可能甚至不需要設法轉移動機。我們稍早看到，恐怖分子計畫使用隨身攜帶的液體來炸毀飛機，所以我們把焦點放在規定人們可以帶上飛機的液體容量。這麼做便宜、容易又非常有效。在冠狀病毒危機中，我們看到全世界的政府強迫組織制定協議，維持人與人之間的物理距離。當然了，使不當行為更難以達成，或許會付出失去自由的代價。

步驟三：人們需要什麼來抑制行為？

這種能力方法是機會方法的反面。第一步是檢視人們是否知道規定。如果他們不知道，我們必須查明這是否是因為規定太多、太專業，或者只是宣傳不足。接下來，我們應該分辨人們及組織是否具有足夠的技術、教育，以及其他必需技能去遵守規定。最後，我們必須檢視人們是否需要協助克服私人問題或個人顧慮，例如自制力低、物質依賴，或是取得足夠的教育、住所、就業、收入及機會的管道。除非人們能做到法律要求他們做的事，他們的動機無關緊要。你不能做你做不到的事，無論你有多希望你可以。

步驟四：人們認為規則、規則制定者及規則執行者是合法的嗎？

假如人們覺得有義務要服從法律，要透過法律改進行為就容易得多。人們認為系統不公平、存在偏見或不公正的話，就不會感到有太多義務要遵守，而且在這種情況下，我們會需要解決法律制定、實施及強制執行的方式，以便確定大眾意識到它是公平、不具偏見以及公正的。當他們這麼認為，他們就會遵守法律，即便他們並不贊同它，甚至在他人違法時，即便在沒有任何懲罰威脅，甚至是要付出相當的代價。

步驟五：道德及社會規範扮演什麼角色？

這個步驟求諸其他內在動機。對任何成功的介入來說，我們必須知道不當行為在現有的道德及社會規範中，究竟深植到什麼程度。假如不當行為大部分源自於普遍的道德及社會規範，那麼重要的是避免在介入、宣傳活動或傳遞訊息時，不經意地把注意力放在它們身上。不過萬一不當行為並非源自既有的道德及規範，那麼介入行動應該刻意汲取這些正向道德及規範的優點，打造行為的改變。在組織或團體中，我們必須判斷並對付支持犯罪的文化規範，最好是在有毒文化已經開始之前。

步驟六：如何把誘因及外在動機因素考慮進去？

最後，我們必須檢視法律的誘因如何在實踐中出現。比方說，就懲罰及侵權責任而言，我們顯然知道沒有太多證據證明它們帶來嚇阻。我們必須不只評估現存制裁及責任的確定性及嚴重性，還有人們如何理解它們。我們必須確定他們感知的確定性夠高。不只如此，我們必須查明制裁及責任不具非故意的負面影響，破壞人們的內在動機，或是遵從法律的能力。對於獎勵及其他正向誘因來說，我們同樣必須評估他們如何被理解，在改進行為中是否扮演正向的角色，以及他們是否排擠已經發揮作用的內在動機。

這就是了：我們需要用來設計及運作法律，阻止並減少犯罪的完整行為密碼。這些特定的問題讓我們產生法律及人類行為的綜合說明。不過單靠知識是不夠的。本書包含的科學知識存在已久，然而在我們如何設計並操作我們的法律系統上，它並不是重點。我們的法律系統要向醫學多學習，因為在一世紀之前，它經歷了和我們的法律組織現在需要的相同轉換。

在十九世紀初期，西方醫療執業是殘酷的事業。醫生對於病因的知識十分有限，只能依循古老的療法。這些療法背後的邏輯，最早是由西元前五世紀的希波克拉底斯研發的，後來在西元二世紀由蓋倫發揚光大。它的概念是疾病源自於體內的不平衡，因此治癒疾病需要恢復平衡。在重新平衡身體方面，醫生偏好的方法是強迫患者流汗、排尿、排便、嘔吐或流血。十九世紀的西方醫生會開立瀉藥，敷用會造成起水泡的芥末硬膏，以及固定替人們放血以便治療。事實上，現今重要的科學醫療期刊《刺胳針》的名稱，指的就是醫生用來替病患放血的器具。然而，隨著十九世紀的進步，這些古老療法開始承受壓力。知名的美國最高法院大法官之父奧利佛·溫道爾·荷姆斯（Oliver Wendell Holmes）做出了一個好結論：「我堅決相信，假如現代人使用的所有藥物全部沉入海底，這對人類來說會比較好，但是對魚來說就不妙了。」

這個世界在物理、化學、生物及天文學的領域，做出重大的科學進展，而科學方法的緊急狀態解鎖了探究疾病的新方法，激發對照實驗及精確方式來測試假設。這類實驗引導詹姆斯·林德（James Lind）在一七五三年發現，水手能攝取萊姆來預防壞血病，我們後來發現這其實只能防止維生素C缺乏。愛德華·珍納（Edward Jenner）在一七九八年使用精準的方法，顯示人們如何能透過接種牛痘，一種不會在人體造成重大疾病的相關病毒，而獲得天花免疫。

因此，醫學療法的觀點開始改變。大學開辦醫院，結合醫療與科學。醫生開始接受科學方法訓練，認為他們的職業源自於科學證據。科學與實徵方法的結合為治療及預防疾病帶來重大的突破。目前似乎不可能把醫學與科學分開，就像我們無法想像醫生替病人放血來緩解發燒。

二十一世紀的醫學及法律領域是多麼不同啊！法律訓練依然依循古老的邏輯，教導學生他們應該如何闡釋法律規則及案件，並且把它們應用在法律糾紛上。科學方法及科學思考不是律師培訓的重點，實證數據及統計分析也不是。律師要不是受訓成為辯護人（在美國是如此），尋求客戶的利益，要不就是成為法官（例如在荷蘭便是如此），根據判例事實及法規來判決雙方之間的糾紛。

然而，法律和醫學也不盡然天差地別。就像醫學一樣，法律顯然是為了減輕對人們的傷害。雖然這不是它的唯一功能，法律系統扮演了重要的角色，確保人們不會淪為暴力犯罪的受害者，可以呼吸新鮮空氣，安全駕駛，信任他們的退休金不會被揮霍殆盡，在職場上不會受到傷害，也不會遭受歧視對待。而且就像醫學一樣，法律也能直接利用過去五十年來發展的科學見解。然而不知為何，法律似乎依然不曾與時俱進，因為它並未將科學置於中心地位。

當然了，法律及科學在所有領域並未保持全然分離。在許多領域，例如法律社會學及人類學、法律與經濟學，以及法律心理學，都有許多實徵研究。在目擊證人證詞、列隊辨認及判決決定方面都有許多出色的研究。在法律界、法律協議及經濟成長之間的連結，以及人們對於法律在日常生活中扮演的角色有什麼理解，也都存在著豐富的學術研究。

然而，在法律領域的許多部分，尤其是主流法律教育及培訓，到目前為止依然和法律如何塑造人類行為的重大社會及行為科學見解，保持隔離的關係。法律教授在法律學院教書，而犯罪學家、心理學家、社會學家、組織學者，以及其他社會學家則在個別的學院任教。在這之中有重大的例外。有些法律教授，其中有些擁有社會及行為科學的博士學位，例如耶魯法律學院的湯姆．泰勒、柏克萊法學院的法蘭克林．辛姆林、哈佛法學院的凱斯．桑斯坦，以及在史丹佛法學院及俄亥俄州州立大學法學院任教的蜜雪兒．亞歷山卓，提供了我們在本書中提及的某些核心行為見解。

不過大部分的法律教授以及他們的許多課程，都把重心放在法律及法律分析。法律教育及實踐是在於學習如何將法律規則運用在紛爭及解決紛爭，在過去的行為上，它們採取這種做法，沒有去理解造成傷害而帶來這種紛爭的行為，以及法律如何塑造未來行為。在課堂上提起法律對行為造成影響的問題時，它們經常被視為是「政策問題」，適合某些激烈的辯論，但絕對不是考試的重要主題。就像醫生學會以放血的方式來減緩發燒之外，改為對付導致發燒的疾病，法律執業者必須學習對付根本原因，防止不當行為。

長久以來，法律界從來不需要把焦點放在法律對塑造行為及防止傷害的效力上。律師及法律教授能夠只專注於紛爭解決及法律分析，因為執業看起來就是這樣，而執業是一樁好生意。法律領域的內在邏輯也意味著，關於法律是否塑造行為的實徵問題根本不是執業的重點，而對於少數的案例中，我們看到呈現於法庭上的行為爭議，法官也不太擅長闡述其中的科學。在**尤因**案（這名男子為了偷竊高爾夫球桿而面臨二十五年的刑期），美國最高法院完全迴避質疑三振出局法是否具有嚇阻效果的所有科學研究。在另一起案例中，最高法院大法官約翰·羅伯茲（John Roberts）稱社會科學數據為「官樣文章」。

但是發揮作用的不只這些。我們的法律，制定法律的人，以及應用及強制執行法律的人，都是我們的社會及政治系統結構的一部分。強烈的道德、社會及政治力量不利於成功地合併實徵見解，改善我們的法律對抗不當行為的功能。

在關於犯罪及不法行為的公開辯論中，人們傾向於把焦點放在犯罪者或不法分子該為他們的行為付出什麼代價。在伊莉莎白·華倫呼籲給企業犯罪者更嚴厲懲罰的案例中，我們看到這點。他們罪有應得，他們為了自己做的事得到懲罰，就像街頭犯罪者一樣，不是很公平嗎？當然了，每次又出現一起令人髮指的行為時，我們在每個對犯罪採取強硬措施的呼籲中，也看到這點。焦點在於報復正義，因為人們想討公平。

正義當然很重要。假如我們只聚焦在確保法律改變行為，卻不處理什麼是道德的對與錯，我們會促進暴政或不正義。不過一旦我們的政治過程弄清楚對的規則是什麼，我們必須確保這些規則行得通，免得我們制定似乎公平的法律，實際上卻毫無作用。這裡的問題是，只考慮什麼能伸張正義會阻止我們去思考，如何能有效防止未來的不正義。

科學也面對來自人們的異議，他們喜歡某些干預，不喜歡另一些。這在我們的懲罰反射上更是如此。事實上，研究顯示出，極力主張懲罰是來自我們腦部的本能。當我們懲罰他人時，不只得到神經上的愉悅，許多人對於懲罰也有著與生俱來的偏好，不喜歡替代方案。我們可能對於誰需要受到更嚴厲的懲罰有不同的看法，因為進步黨想對企業犯罪施以更嚴厲的懲罰，而保守黨想對街頭犯罪給予更嚴厲的刑期。然而總的來說，這種懲罰反射會導致人們反對任何顯示他們直覺相信的做法行不通的科學。

這個問題的一個重要部分是，人們傾向於把自己的偏好及是非感，和他們覺得會有效的方式畫上等號。假如你不喜歡死刑，你不只比較可能認為它無法嚇阻犯罪，更會輕易接受顯示它行不通的研究。不過要是你在道德上能接受死刑，你可能會拒絕同樣的那些科學研究。

科學也必須克服根深柢固的種族歧視。在幾世紀的蓄奴、數十年的吉姆．克勞隔離（Jim Crow apartheid），以及持續的種族隔離、不平等，以及傷害之後，反黑人種族歧視深植在美國之中。美國的警務源自於奴隸巡邏隊。政治人物及媒體權威經常引發對有色人種犯罪的恐懼，藉此透過狗哨及擴音器來傳遞間接的種族主義信號。這種種族主義曲解了關於犯罪的科學以及對付它的方式，如何被討論、接收及接受。有些人把打造更好的教育、住所及就業管道，視為創造機會並減少犯罪的明顯又客觀的方法；其他人則透過種族歧視的透鏡，把這些視為不公平又不公正地偏好少數族裔。

對於科學也有直接的反對。在抗議 COVID-19 減災的大流行封城及社交距離措施期間，有些抗議者手持標語寫著「停止資助科學」。對科學的懷疑由來已久。在一六一五年，伽利略遭到羅馬宗教裁判所的審判並判決有罪，因為它的天文學發現顯示地球繞著太陽轉，而不是反其道而行。在一些熱門議題的案例中，普遍存在對科學的懷疑。這些案例包括諸如生物演化及氣候變遷，個人信念及核心識別驅使人們不信任、甚至全面攻擊科學，儘管有大量的實徵證據違背那些信念。資訊不足的民粹主義政治以及熱門媒體對科學的攻擊，並未協助促進對科學及科學家的信任。

科學本身有時候會背叛大眾的信任。有些案例是科學家偽造數據，投入反科學。有許多炒作的研究就是不曾在社會科學實驗室之外複製或應用。有時科學家概述他們的研究結果，卻少了充足的細微差別，或是做出他們的數據不支持的各種全面性主張。這可能會破壞它們的中立性，這會變得特別麻煩，因為現在學者越來越常從事公開辯論及政策制定。

有鑑於此，呈現科學還不足以說服。《人類大歷史：從野獸到扮演上帝》（*Sapiens: A Brief History of Humankind*）的作者哈拉瑞（Yuval Noah Harari）主張，人類透過兩種力量運作：事實的力量及虛構的力量。事實很重要；假如有人蓋一間房子，物理事實卻搞錯了，它可能會坍塌，壓倒裡面的每個人。不過虛構，或是說故事，是維繫人們感情，容許他們組成更大的團體和集體認同的元素。例如，要建立令人信服的科學，我們需要說故事，敘述科學本身的故事，以及為這些科學發現提供背景的趣聞。

法律是維持我們的複雜社會最重要的系統。我們的法律保護我們的資產、安全、健康、經濟及自然環境。但是只有在法律成功塑造人類及組織行為時，它才能起作用。在本書中，我們顯示了看不見的行為密碼，法律必須把它考慮進去，以便建立有效又持久的行為改變。我們把知識濃縮成六個清楚的步驟，任何法律密碼制定者都必須遵守，以便對付傷害性及不當行為。但是概述這些步驟及其背後的科學還不夠。我們的法律系統、人類直覺及政治都對科學不利。

我們繼續面對重大的行為挑戰。想想不間斷的鴉片類藥物大流行，從#MeToo運動開始後，持續發生的性騷擾案例，種族歧視及暴力警務，大規模金融詐欺，以及導致氣候變遷的環境汙染。人性面對的問題太重要了，不能忽視科學，因為它能協助我們的法律系統去更有效地對付它們。我們提出三種改革，要確保我們的法律密碼包含行為密碼。

改革一、法律訓練及實踐

我們的法律系統必須包含行為法理學，評估及糾正關於行為在法律中的錯誤假設。透過這種方式，法律必須結合它的傳統學理及規範問題，也就是法律是以及應該是什麼的問題，加上法律如何影響行為的實徵問題。與其把焦點放在將法律應用到單一案例，律師必須學會擁抱政策問題，把焦點放在法律規則如何在大量的案例中塑造行為。

由於職業的緣故，法律教授以及他們訓練的律師對於採用什麼法律，以及它們如何運作的影響力，遠勝於那些社會及行為科學家，他們接受的訓練是去了解法律如何影響人類的行為。法學院必須找來更多社會科學家，讓他們融入核心課程，給他們空間去訓練律師，以便能夠結合法律及實徵分析。人們是否認識法律、為何遵從法律，以及為何違法的問題，應該被視為嚴重的法律問題，而不只是社會科學問題。這類問題必須成為法律訓練、研究與實踐的必要部分。與其開辦更多法律診所，讓法律系學生能接受如何為客戶辯護及處理紛爭的訓練，法學院應該也開辦實驗室，讓他們能實驗不同類型的規則及干預。假如法學院這麼做，並且假如法律實務讓行為改變成為它的一部分，它們一定會立於不敗之地。我們不只是意味著在智識及社會方面，根據一項近期研究，在二〇一九年，法令遵從研究的全球市場價值三百一十二億七千萬美元，並且預估在二〇二七年會成長到八百八十億美元。假如這還不足以改變法學院，未來的法律系學生應該要求接受行為訓練，因為他們會需要在執業時派上用場。

改革二、科學

科學家也扮演一個重要的角色。數十年的科學研究無法影響我們的法律，讓它們更能改變行為。科學家必須改變如何進行法律及行為科學研究，以及他們如何溝通研究結果的方法。

他們必須確保關於人們如何回應法律的研究，要和社會面對的真實問題連結起來。讓科學家測試理論理念以及參與和其他學者的高級辯論，這樣還不夠。專注研究不當行為的某項潛在原因，卻沒有整合懲戒及理論孤島的研究結果，這樣還不夠。讓科學家去進行和真實世界的實際行為沒有多少關聯的實驗室實驗，這樣還不夠。顯示介入或計畫在某項研究中發揮作用，卻沒有在相同及其他背景複製及擴展這些研究結果，這樣還不夠。只把焦點放在針對簡單介入的研究，沒有處理對我們的社會造成最大傷害的真正複雜行為，這樣還不夠。

社會及行為科學家必須專注於理解法律在影響最重要的行為問題上，能扮演的角色，無論這類研究是否具有正確的理論貢獻，或是顯示立即及可發表結果的肯定機會。這意味著科學家在研究開始時，應該多探討社會問題，而且如果可能的話，也多和那些在日常生活中處理這類問題的人合作，共同設計及進行具有影響力的研究。

科學家也必須更善於溝通他們的研究，確保它離開學術社群，擁有在塑造法律實踐的奮鬥機會。要在學術界擁有成功的事業，科學家受到誘導，幾乎只在同儕審查的期刊發表他們的研究結果。不過這意味著他們的論文充滿了只有他們學過的理論及統計術語。總的來說，從業人員就是沒有專業或時間去閱讀這種論文，或者甚至越過付費高牆取得它們。這意味著科學家必須成為雙語人士；他們必須重新學習已清楚簡單的語言溝通，並且把他們的主要研究結果翻譯給不會說統計「官樣文章」的一般大眾聽。他們應該寫短篇文章，比方在報紙上的評論或部落格貼文，概述他們做了什麼、發現什麼、我們為何應該在乎，以及限制是什麼，讓從業人員能體驗他們的研究成果，和展開真實世界的應用及複製保持聯繫。科學家必須更進一步找出方法，把他們的科學包裝成故事，強迫人們閱讀、學習及連結。

科學家應該變得更主動。他們必須離開象牙塔，參與公開辯論以修正關於法律及行為廣為流傳的錯誤假設。科學家太常不讓人知道他們在做什麼，而影響法律及它如何對付行為的重大政策決定，是由對科學幾乎一無所知的政治人物及媒體權威進行討論，而且經常是基於錯誤的直覺。科學家有責任要修正公共論述。

在這一切之中，科學家必須誠實。當研究無法發現成效，或是設計良好又有希望的介入成效不彰，期刊編輯及審閱者必須願意承認，這種零效應可能意義重大。他們有責任在他們享有聲望的期刊開放空間，刊載這類研究成果，假如他們不去獎勵研究者進行影響重大的研究所承受的風險。同時，沒什麼能比造假案例、非道德行為或抄襲，更能傷害科學。但是呈現完整的研究結果之中也存在著不誠實，以一種並未合理處理它們的方式，在瞬間即逝的媒體名氣熱度中，大幅偏離背景地呈現，或是並未充分描述它們的複雜性。要讓科學家被聽見，他們需要能夠說一種簡單的語言，保留原始研究的細微差別。

改革三、我們自己

到頭來，法律及行為的重點在於我們。確保我們的法律更能保護我們安全，和我們每個人都有利害關係。我們都受限於這些法律，全都背負著法律重擔，限制我們的自由或造成損失，卻不曾帶來一個更安全的社會。在確保法律總是能更順利改進人類行為的方面，我們都扮演著一個角色。不過要這麼做，我們必須也檢視自己，而不是光等著法律從業人員、政策制定者及科學家來為我們進行那些改革。

我們都藉由法律結構而結合在一起，成為共享社群的一分子，必須認清我們對法律具有龐大的集體影響力。生活在民主時代，我們可以利用選票以及和我們推選的政治人物聯繫，制定決定我們的法律內容及作用的政策。藉由學習行為密碼，我們能辨別可能會有效解決重大社會行為問題的理念，以及那些明顯無效的概念。我們必須要求行得通的政策，而不只是聽起來不錯，又能滿足我們直覺的那些。

當然了，這個建議非常難以執行。正如我們所見，學習科學只是第一步。我們透過自己的直覺、偏好及偏見來過濾科學。試著回想我在本書中學到的所有核心見解。你覺得哪一些是容易接受的？哪些是你拒絕的？你拒絕是因為你不覺得那些資訊令人信服，因為研究方法或它的數據顯得不確實？或者你只是懷疑某些研究結果，卻說不出來為什麼？那麼那些行得通的復原計畫呢？或是更公平的警務能協助減少犯罪？認真回想並且重讀你懷疑過的段落。在你無法將你的懷疑歸咎於研究的方法論，或是數據品質的例子之中，思考你是否真的願意接受這種研究結果，即便它們真實無誤。只有透過這種反思，我們才能真正接受事實，也就是我們每個人都在過濾科學見解。我們一旦承認這點，勇敢面對自己，或許我們也能接受當我們初次閱讀卻不喜歡的那些研究結果。

下一步是在我們日常的生活及討論中觀察自己。我們要從哪裡繼續支持塑造缺乏科學證據行為的方式？我們一旦把這本書放在一旁，到了選舉期間，或者甚至是在觀看或閱讀每天的新聞時，我們很容易就會忘記它是什麼意思。不過我們應該在每次有人注意到某個行為問題，並且提出解決它的方案時，應用這些見解。隨著每次關於警方暴力的辯論，每個關於性騷擾的提案，每篇關於體育界使用禁藥的新聞報導，以及針對我們聽過的大公司提出的每個重大侵權案件，我們應該保持警醒，提出核心行為問題：是什麼情況及動機會促成這種行為？提議的政策會如何影響它們？我們一旦訓練自己這麼做，對於我們國內的重大政策以及我們可能在工作場所或家中面臨的較小問題，我們都能真正地去蕪存菁，分辨有效及無用的方法。

有了科學知識，我們都能擔任行為密碼的大使，展開關於法律、規則及人類行為的重大討論。我們都能充當事實查核員，修正現在我們知道明顯不實或缺乏實徵證據的陳述。我們都能成為自己的嚴厲觀察者，改進我們設法改變自己生活中不當行為的方式。我們都能當個有見識的公民，支持基於科學而非直覺的政策，保護我們的安全。

致謝

我們感謝我們的經紀人 Andrew Stuart，他了解我們希望做什麼；還要感謝我們的編輯 Joanna Green，她聰明的探詢目光協助我們找出自己的聲音。非常感謝 Beacon 的整個製作及行銷團隊，這群人表現得太出色了。我們也會永遠感謝 Katherine Flynn 及 Laura Chasenk 的最初指引。

我們想謝謝審查先前草稿的學者：Robert Cialdini、Tom Tyler、Dan Nagin、Greg Pogarsky、Yuval Feldman、Cortney Simons、Erich Kirchler、Alex Piquero、Francis Cullen、Hui Chen、Cary Coglianese、Travis Pratt、Lance Hannon，以及 David Harding。

由於歐洲研究院（European Research Council）（ERC 2018-COG Homo Juridicus-817680）的慷慨同意，班哲明才有可能為本書進行研究。

班哲明希望感謝亞當出色的合作及啟發，並且以同事及朋友的身分分享這項企劃案的所有高低起伏。我也要感謝我在加州大學爾灣分校的所有同事及學生，他們多年來為這項企劃案的發展提供了無價的意見。我要特別感謝 Mario Barnes、Bryant Garth、Kaaryn Gustafson、Alex Camacho、Sameer Ashar、Shauhin Talesh、Katie Porter、Jonathan Glater、Chris Reinders Folmer，以及 Rob Schwitters，他們耐心地給予意見回饋，回答我問個不停的許多問題。我也要感謝法律與行為中心的所有同事提供意見回饋，以及在尋求法律的正確行為假設時，和我一起努力。我也要特別感謝 Beth Cauffman 指引我進入心理學，教導我在過程中思考，而且當然還有介紹亞當給我。我想感謝我所有的朋友們，傾聽對於這本書無窮無盡的新鮮好主意，特別要感謝 Eric、Victor、Mitran、Anouk 及 Annemieke。我也想感謝我的父母，Rene 和 Giny，他們從小就教導我要保持好奇心，以及到世界各地旅遊。我也想感謝 Max 及 Mare，他們是完美的活生生見證，證明我尚未精通行為密碼，但是每天都享受這一切。最後但不是最不重要的，我要感謝 Janine 和我分享這趟旅程。

亞當希望一開始先感謝班哲明．凡魯吉，他對知識的渴求及無窮盡的精力不斷令我驚嘆。我也要感謝他對我喜歡熱烈辯論及按下「刪除」鍵，一直耐心以對。要不是 Beth Cauffman，我不會成為學者；她是我永遠的精神導師，她的睿智提議及機智塑造了我的職涯。這一切的根源來自喬治城大學的 Deborah Phillips、Beth Meloy、Chandan Vaidya、Sarah Vidal，以及 Jennifer Woolard，他們為一名年輕的研究助理開啟了每一扇可能的大門。我要感謝 Tom Tyler、Ellen Cohn、Tracey Meares、Ben Bradford、Jonathan Jackson 及 Rick Trinkner 深具啟發性的研究，還有 Laurence Steinberg、Paul Frick 及 Alex Piquero 多年來的耐心指導。我很幸運能在亞歷桑納州州立大學任教，我的同事打造了一個熱情歡迎又生氣蓬勃的社群，持續為學術成就及影響提高標準。雖然我帶領青年正義實驗室，不過我的學生及合作夥伴每天都教導我更多。

最後，言語不足以表達我對家人的感激。對於一輩子的支持，我感激不盡。蕾根和女兒們可能從不知道，她們讓我知道，什麼才是真正重要的東西。

國家圖書館出版品預行編目資料

行為失控：為什麼人們會忍不住做壞事？法律管不住的人性密碼/班哲明．凡魯吉(Benjamin van Rooij)、亞當．范恩(Adam Fine) 著；簡秀如 譯 . --
初版. -- 臺北市：平安文化有限公司, 2022.09
面；公分. -- (平安叢書；第729種)(我思；14)
譯自：The Behavioral Code: The Hidden Ways the Law Makes Us Better . . . or Worse

ISBN 978-626-7181-11-9 (平裝)

1.CST: 法律 2.CST: 犯罪行為

580 111012844

平安叢書第729種

我思 14

行爲失控

爲什麼人們會忍不住做壞事？法律管不住的人性密碼

The Behavioral Code: The Hidden Ways the Law Makes Us Better . . . or Worse

作　　者—班哲明．凡魯吉、亞當．范恩
譯　　者—簡秀如
發 行 人—平　雲
出版發行—平安文化有限公司
臺北市敦化北路120巷50號
電話◎02-27168888
郵撥帳號◎18420815號
皇冠出版社(香港)有限公司
香港銅鑼灣道180號百樂商業中心
19字樓1903室
電話◎2529-1778　傳真◎2527-0904
總 編 輯—許婷婷
執行主編—平　靜
責任編輯—陳思宇
美術設計—倪旻鋒、李偉涵
行銷企劃—鄭雅方
著作完成日期—2021年
初版一刷日期—2022年9月
法律顧問—王惠光律師

讀者服務傳真專線◎02-27150507
電腦編號◎576014
ISBN◎ 978-626-7181-11-9
Printed in Taiwan
本書定價◎新臺幣450元/港幣150元